KB156990

자유의 비극

Tragedy of Freedom
Twelve Reasons Freedom Can Lead to Tragedy
by Yoo Jinsoo

Published by Hangilsa Publishing Co.,Ltd., Korea, 2017

자유의 비극

자유가 비극이 될 수 있는 열두 가지 이유

유진수 지음

한길사

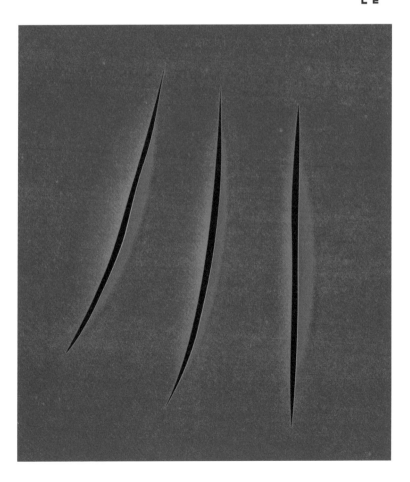

자유의 비극
자유가 비극이 될 수 있는 열두 가지 이유

지은이 유진수
펴낸이 김언호
펴낸곳 (주)도서출판 한길사

등록 1976년 12월 24일 제74호
주소 10881 경기도 파주시 광인사길 37
홈페이지 www.hangilsa.co.kr
전자우편 hangilsa@hangilsa.co.kr
전화 031-955-2000~3 **팩스** 031-955-2005

부사장 박관순 **총괄이사** 김서영 **관리이사** 곽명호
영업이사 이경호 **경영이사** 김관영 **편집주간** 백은숙
편집 박희진 노유연 최현경 강성욱 이한민 김영길
마케팅 정아린 **관리** 이주환 문주상 이희문 원선아 이진아
디자인 창포 031-955-2097
CTP 출력 및 인쇄 예림 **제본** 예림바인딩

제1판 제1쇄 2017년 8월 25일
제1판 제3쇄 2022년 5월 16일

값 18,000원
ISBN 978-89-356-7036-9 03320

인간에게 주어진 선택의 자유는
아무런 대가 없이 주어진 것이 아니다.

왜 자유인가

• 들어가는 말

부자가 된 가난한 집 맏아들의 도덕적 의무를 다룬 책 『가난한 집 맏아들』이 출간된 지 5년이 지났다. 나름 베스트셀러 반열에도 올랐다. 우리 사회의 재벌과 부자들이 읽었으면 했다. 그러나 정작 재벌과 부자들은 "그래서 뭐. 나는 그런 것에 관심 없어. 신경도 쓰지 않아"라고 말하는 것 같았다. 왜 그럴까 생각해보고 내린 결론은 사람들이 도덕에 관심을 두지 않는다는 것이었다.

우리는 도덕이 상실된 시대에 살고 있는 듯하다. 많은 사람이 도덕에 이미 흥미를 잃어버렸다. 도덕은 초등학교에서나 다루는 내용이 되었고, 도덕이나 윤리를 말하는 사람은 고루하고 답답한 사람처럼 인식되기도 한다. 정의 (justice)도 마찬가지다. 샌델(Michael Sandel)의 책 『정의란 무엇인가』(*Justice*)는 한때 문자 그대로 베스트셀러였다. 그러나 샌델의 새로운 신간들은 인기가 그만하지 못하다. 책이 어려워서이기도 하겠지만 정의에 대해 사람들이 진정으로 관심을 두고 있지 않기 때문일 수도 있다. 불과 100여 년 전 옳고 그름에 지나치게 매달려 나라를 망쳤으니 어찌 보면 이 또한 당연하다 할 수 있다.

최근에는 지난 200년간 전 세계적으로 소득불평등이 심화되었나는 것을 통계로 보여준 『21세기 자본』(*Capital in the Twenty-First Century*)이 인기를 끌면서 피케디(Thomas Piketty) 신드롬이 등장했다. 그러나 피케티 신드롬도 예전 같지 않다. 오히려 학계에서는 이 책에 대한 비판이 더 부각되고 있는 듯하다.

그나마 지금까지는 스미스(Adam Smith)의 철학이 이러한 우리를 위로해주었다. 각자가 자신의 이익만을 추구하더라도 그 결과는 바람직하게 나타난다는 것이다. 나머지는 '보이지 않는 손'(invisible hand), 즉 시장(market)이 알아서 잘 해결해줄 테니 걱정하지 말라고 스미스는 우리를 위로한다. 고마운 일이다. 그런데 왜 요즈음에는 그런 말이 마치 악마의 속삭임처럼 들리는 것일까.

사실 '도덕적 의무'라는 말은 모순된 표현에 가깝다. '도덕'은 지키면 좋지만 그렇다고 강제할 수 있는 성질은 아닌

데, 여기에 강제성을 담고 있는 '의무'라는 단어를 더했으니 말이다. 누가 이런 표현을 만들었는지 모르지만, 그 사람은 멍청하거나 사기꾼이 틀림없다. 같은 이유로, 그런 표현을 지금까지 써왔고 지금도 쓰고 있는 나도 꽤나 멍청한 사람일지 모르겠다.

도덕에 대한 관심이 자유에 대한 관심으로 바뀐 것은 바로 이러한 생각 때문이었다. 도덕을 지킬 것인지 안 지킬 것인지가 선택의 문제라면 도덕과 자유는 떼려야 뗄 수 없는 관계라 할 수 있다. 자유는 선택을 바탕으로 하고 선택이 없는 자유는 실질적인 자유가 아니기 때문이다. 이는 '선택의 학문'인 경제학을 전공한 내가 자유에 관심을 가질 수밖에 없는 이유이기도 하다.

이 책에는 자유의 다양한 개념과 자유에 관한 여러 시사점이 정리되어 있다. 그리고 (현실을 극히 단순화한) 무인도에서의 자유를 생각해봄으로써 자유가 초래하는 비극적인 측면에 대해서도 다루고 있다. 모든 자유가 무제한적으로 허용될 수 없음을 보이고, 이 시대에 맞는 자유의 개념을 찾기 위함이었다. 다만 내 전공을 감안해 경제적 자유를 중심으로 살펴볼 수밖에 없었다. 이 책의 특징이자 한계다. 그렇다고 경제학을 전공한 사람들만을 대상으로 이 책을 저술한 것은 아니다. 경제학을 전공하지 않은 독자들의 눈높이에 맞추려고 노력했다.

이 책을 위해 도와주신 분이 많다. 책을 쓰는 과정에서 오래 참아주고 적절한 의견을 제시해준 아내에게 먼저 감사한다. 아내의 도움이 없었다면 집필을 시작조차 하지 못했을 것이다. 주제에서 벗어난 내용을 과감하게 원고에서 제외한 것도 아내의 조언 덕분이었다. 원고를 여러 차례 읽고 자세한 부분까지 정확하게 지적해준 듬직한 아들 석준이와 귀여운 딸 선주에게도 감사한다. 젊은이의 시각에서 조언해줌으로써 책의 내용에 대해 다시 한번 생각해볼 기회를 주었다.

20년 이상의 세월을 같이 보내온 숙명여자대학교 경상대학 동료 교수님들께도 감사드린다. 이 책 곳곳에는 그분들의 소중한 의견이 반영되어 있다. 책을 집필하느라 아무래도 경상대학 학장으로서 맡은 일에 소홀할 수밖에 없었다. 이를 너그럽게 이해해주신 데 대해서도 감사드린다. 특히 위경우 교수님께 감사드린다. 오류를 지적하고 새로운 아이디어를 제공해준 덕분에 내용이 더욱 풍부해질 수 있었다.

은사이신 이승훈 교수님께도 감사드린다. 자유라는 주제에 관심을 가지게 된 것은 한 경제학회에서 이승훈 교수님의 발표를 듣고 나서부터였다. 하딘 교수에게도 특별히 감사드린다. 이 책의 제목은 하딘(Garrett Hardin)의 논문「공유자원의 비극」(The Tragedy of the Commons)에서 아이디어를 얻었다. 국제경제연구소 임원들에게도 신세를 많이 졌다. 책을 저술한다는 핑계로 연구소 일에 적극적으로 참여하지 못한 데 대한 미안한 마음을 금할 길이 없다. 한국의 개발경험을 바탕으로 개도국의 경제발전에 이바지하고자 하는 국제경제연구소에서 쌓은 경험이 이 책을 완성하는 데 커다란 도움이 되었음은 물론이다. 특히 송유철, 이호생 교수님은 초고의 문제점을 지적하고 개선방안까지 제시해 주었다.

한길사 김언호 대표님께도 감사드린다. 출간되기를 바라는 좋은 원고가 넘치는 가운데 김언호 대표님은 부족한 원고인데도 출판할 수 있는 기회를 주셨다. 편집부는 초고부터 출간에 이르기까지 모든 과정을 꼼꼼하게 챙겨주었다. 감사드린다.

부모님의 교육과 사랑과 지원이 없었다면 지금의 나는 없었을 것이다. 부모님께 특별히 감사드린다. 마지막으로 하나님께 감사드린다. 새롭고 낯선 분야의 내용을 저술하는 과정에서 많은 생각과 아이디어를 주셨다. 새벽마다 좋은 아이디어들이 떠오른 것은 우연이 아니었다. 모든 것에 감사드릴 뿐이다.

2017년 6월

유진수

인간은 자유의 대가를 알고 있는가

• 프롤로그

　본격적으로 글을 전개하기에 앞서 인간의 자유와 죄에 관한 개신교와 가톨릭의 해석을 소개하고 이를 부연설명하려고 한다. 종교가 다른 독자들은 자유가 초래하는 비극적 결과를 설명하는 하나의 사례로 이해해주기 바란다.

　하나님은 인간을 창조하시고 온 땅과 땅에 있는 모든 생명을 다스리게 하셨다. 아담과 하와는 에덴동산에서 자유롭고 풍요롭게 살았다. 아름답고 먹음직스러운 열매가 달린 나무가 가득했다. 동산 한가운데는 선악을 알게 하는 나무가 있었다. 동산에 있는 각종 나무의 열매는 마음대로 먹어도 되지만 선악을 알게 하는 나무의 열매는 먹으면 안된다고 하나님이 말씀하셨다.

　문제는 먹어서는 안 되는 바로 그 열매를 먹을 수 있는 선택의 자유가 아담과 하와에게 주어졌다는 점이다. 그리고 아담과 하와는 그 나무의 열매를 따 먹는 잘못된 선택을 하고 말았다. 잘못된 선택은 아마도 아담과 하와의 욕심에서 비롯되었을 것이다. 원인이야 어떻든 아담과 하와에게 주어진 선택의 자유는 결과적으로 아담과 하와는 물론 모든 인간에게 비극이 되어버렸다.

그 후 땅은 저주받았고 인간은 힘들여 일해야 먹고살 수 있게 되었다. 풍요(abundance)의 땅에서 쫓겨나 부족(scarcity)의 땅으로 옮겨가게 된 것이다. 인간은 땅에서 먹을 것을 구해야만 했다. 그전에는 필요 없던 옷도 만들어 입어야 했다. 노력해야만 살 수 있도록 환경이 바뀌었다. 인간이 노동하는 존재로 바뀐 것이다.

모든 것이 부족하니 이기심이 생겼다. 살아남기 위해서 이기심이 필요해진 것이다. 이기심은 소유욕으로 이어지고, 소유욕은 소유경쟁으로 이어졌다. 소유경쟁으로 인해 더 많이 가진 사람이 생긴 반면 더 적게 가진 사람도 생겼다. 경쟁에서 밀린 사람은 더 부족해질 수밖에 없게 되었다. 내일도 부족할 것이라는 공포 때문에 내일에 대한 대비도 해야 했다. 그래서 인간들은 저장(저축)하기 시작했다. 이 때문에 적게 가진 사람들의 몫은 더 적어졌다. 부족함이 큰 부족함을 낳고, 큰 부족함이 더욱더 큰 부족함을 낳은 것이다. 경쟁에서 밀린 사람에게는 질투심이 생겼다. 그리고 질투심은 갈등으로 이어졌다.

이처럼 인간에게 주어진 선택의 자유는 아무런 대가 없이 주어진 것이 아니다. 인간은 선택의 자유에 따른 대가를 지불해야만 했다. 그 선택의 대가는 부족함과 헐벗음이었다. 또 이에 대한 공포는 이기심, 소유욕, 경쟁, 질투와 갈등으로 이어졌다.

자유는 소중한 것이다. 잘못된 선택의 대가가 이렇게 큰데도 하나님이 인간에게 선택의 자유를 주신 것은 그만큼 자유가 소중하기 때문일지 모른다. 자유 없는 인간에게 무슨 삶의 의미가 있겠는가.

그렇다면 우리 인간은 자유를 제대로 이해하면서 이를 향유하고 있는가. 우리 인간은 자유의 대가를 잘 알고 있는가.

1
밥상에서 자유를 생각하다

밥상의 형태와 인간의 자유

식문화에 드러나는 인간의 생각

인간이 살아가는 데 가장 중요한 것은 무엇일까. 사람마다 다르겠지만, 먹는 것만큼 중요한 것은 많지 않다. 먹는 즐거움은 인간이 느끼는 즐거움 가운데서도 가장 대표적이라고 할 만한 인간의 본능이다. 『예기』(禮記)에도 "음식과 남녀 간의 사랑은 사람의 욕망 가운데 큰 욕망"(飲食男女 人之大欲存焉)이라고 씌어 있다.[1]

먹는 것이 사람들에게 중요한 만큼 식문화는 사람들이 사는 곳의 자연환경이나 사회적 환경은 물론, 사람들의 생각을 잘 반영한다. 밥상 위의 음식도 마찬가지다. 예를 들면 유대인의 음식은 그들의 종교적 믿음을 잘 보여준다. 유대인은 율법에 따라 먹을 수 있는 것(Kosher)과 없는 것을 엄격히 구분한다. 중세 가톨릭에서는 탐식을 죄로 여겼기 때문에 수도사의 음식은 매우 초라했다.[2] 종교적인 이유는 아니지만 동물에 대한 사랑을 이유로 채식만 고집하는 사람들도 있다. 몸에 좋은 음식, 다이어트에 좋은 음식 등에 대한 사람들의 믿음에 따라 음식이 크게 달라지기도 한다.

식당의 분위기도 음식에 대한 사람들의 생각을 잘 보여준다. 사찰에서는 일반인들도 엄숙하고 경건한 분위기 속에서 식사를 한다. 죽비(대나무로 만든 도구) 소리에 맞추어 질서 있게 움직이며 음식이 만들어지기까지 땀 흘린 사람들과 자연에 감사하는 마음도 품는다. 살생(殺生)을 싫어하기 때문에 당연히 채식을 하고 음식을 남기지도 않는다.

반면 과거 유럽의 절대군주들은 화려한 식탁으로 자신의 권력을 과시하려고 했다. 식기는 금과 은으로 장식되었고, 화려하게 꾸민 다양한 음식이 식탁 위에 풍족하게 올랐다. 고기는 물론 술도 함께 제공되었다. 심지어 식욕을 자극하기 위해 피 흘리는 동물 그림을 식탁 위에 걸어놓기도 했다. 〈그림 1〉은 러시아 상트페테르부르크에 있는 예카테리나 궁전에 있는 식당 'The White State Dining-Room'의 모습이다. 자세히 보면 피를 흘리며 죽어가는 동물 그림을 금빛 액자에 담아 벽에 걸어놓았음을 알 수 있다.

밥상의 형태에서도 사람들의 생각이 잘 나타난다. 여기서는 우리가 매일 마주하는 밥상의 형태가 던지는 시사점

그림1 예카테리나 궁전의 식당 모습

　　화려한 식탁으로 권력을 과시하려고 했던 유럽의 절대군주들은 식욕을
자극하기 위해 피 흘리는 동물 그림을 벽에 걸어놓기도 했다.

에 대해 생각해보고, 이를 통해 인간의 자유(freedom)를 고찰해보려 한다.

밥상에도 유형이 있다

음식과 문화가 다양한 만큼 밥상을 차리는 형태도 지역이나 문화에 따라 다양하게 나타난다. 밥상의 형태는 여러 가지 기준에 따라 다양한 유형으로 나눌 수 있지만 여기서는 우선 식사하는 사람들이 얼마나 자유로운지에 따라 두 가지로 구분해보자.

첫 번째는 모든 음식을 식탁 가운데 놓고 식구들이 자유롭게 먹는 형태의 밥상이다. 일명 '자유형' 밥상이다. 유럽이나 미국의 전형적인 저녁밥상이 이 유형에 속한다. 〈그림 2〉는 크리스마스 만찬을 차린 식탁의 모습으로 자유형 밥상의 한 사례라고 할 수 있다. 식탁 한가운데 수프, 폴란드식 만두(pierogi), 양배추 롤 등이 큰 그릇에 담겨 있다. 사람들은 차려진 음식 가운데 자기가 원하는 음식을 원하는 만큼 자기 접시에 덜어서 먹을 수 있다.

이러한 밥상 형태는 오래전부터 이어져왔다. 이는 14세기 영국의 왕 리처드 2세의 만찬을 그린 〈그림 3〉에도 잘 나타난다. 음식은 식탁 한가운데 놓여 있고 사람들은 그 음식

그림2 자유형 밥상의 사례를 보여주는 폴란드의 크리스마스 만찬 식탁
자유형 밥상은 밥상 가운데 모든 음식을 놓고 식구들이 자유롭게
먹는 형태의 밥상이다.

그림3 자유형 밥상의 사례를 보여주는 리처드 2세의 만찬
원하는 음식만 덜어서 먹는 자유형 밥상의 형태는 유럽에서
오래전부터 이어져왔다.

을 자유롭게 덜어 먹는다. 최근에는 중국에서도 이와 유사한 밥상을 많이 찾아볼 수 있다. 사회주의 국가인 중국의 밥상이 자유주의적이고 자본주의적인 미국이나 유럽의 밥상과 비슷하다는 것은 매우 흥미롭다.

두 번째는 자신 앞에 놓여 있는 음식만 먹는 형태의 밥상이다.[3] 일명 '평등형' 밥상이다. 대개 같은 양의 음식을 나누어주기 때문이다. 〈그림 4〉는 평등형 밥상의 한 예다. 일본에서 이러한 상차림을 많이 볼 수 있는데, 국과 밥은 물론 생선, 달걀, 두부 등 반찬까지도 전부 개인별로 차려져 있다.

한국에서도 예전에는 평등형 밥상이 일반적이었다고 한다. 개인 밥상이 차려졌다는 것이다.[4] 다양한 증거가 이를 뒷받침한다. 〈그림 5〉는 길림성 여산에 있는 고구려 시대 고분인 각저총의 벽화 가운데 하나다. 이 그림을 보면 밥상(개인 앞에 있는 검은색 그릇들)이 개인별로 따로 차려져 있음을 알 수 있다. 조선시대에도 개인별 밥상은 일반적이었던 것 같다. 이는 잔치하는 모습을 그린 그림 등 여러 자료에 잘 나타난다.[5] 중국에서도 오래전에는 이와 같은 밥상이 일반적이었다고 한다. 한나라 시절 식기 유물들이 이러한 주장을 뒷받침한다.[6]

그림 4 평등형 밥상의 사례를 보여주는 일본의 밥상
평등형 밥상에는 모든 반찬이 개인별로 차려져 있다.

그림 5 각저총 고분에 나타난 고구려 시대의 평등형 상차림
평등형 밥상이 한국에서도 오랜 역사를 갖고 있음을 보여준다.

왜 어떤 곳에서는 자유형 밥상이 일반적이고 다른 어떤 곳에서는 평등형 밥상이 일반적일까. 정확한 이유와 유래는 알기 어렵겠지만 몇 가지 주장은 가능해 보인다.

첫 번째 이유는 위생이다. 위생을 중시하는 사회는 평등형 밥상을, 그렇지 않은 사회는 자유형 밥상을 차린다는 것이다. 자유형 밥상에서 자유롭게 음식을 먹다 보면 아무래도 음식이 섞일 위험이 크기 때문이다. 다만 밥상 가운데 음식을 놓는다 해도 도구를 사용해 위생적으로 음식을 나눌 수 있다는 점에서도 이 주장은 크게 설득력 있어 보이지 않는다.

두 번째 이유는 풍요로움의 정도다. 다시 말해 음식이 풍부한 곳에서는 모든 음식을 밥상 가운데 놓고 자유롭게 먹을 가능성이 높다는 것이다. 음식이 부족하지 않다면 먹고 싶은 대로 먹으면 되기 때문이다. 반대로 음식이 부족하다면 자유형 밥상에서 누구는 많이 먹고, 다른 누구는 적게 먹기 때문에 싸움이 나기 쉽다. 따라서 음식이 부족한 상황에서는 평등형 밥상을 택할 가능성이 높다는 것이다.

세 번째 이유는 자유와 평등 간의 선택이다. 즉 자유를 중시하는 사회에서는 음식도 자유롭게 먹을 수 있도록 음식을 밥상 가운데 차려놓을 가능성이 높은 반면, 평등을 중

시하는 사회에서는 공평하게 음식을 나눈 후 각자 자신의
몫만 먹도록 할 가능성이 높다는 것이다. 영국과 미국 같은
서양 사회는 전자에 해당하고, 동양 사회나 원시 공산주의
사회는 후자에 해당한다고 할 수 있다.

마지막 이유는 가족에 대한 믿음이나 사람을 보는 시각
에 따라 밥상의 형태가 달라진다는 것이다. 예를 들어 가
족들이 사이좋게 음식을 나누어 먹는 분위기면(가족 간의
사랑이나 인간의 이성에 대한 신뢰가 있으면) 자유형 밥상은
선택한다는 것이다. 반대로 자유형 밥상을 차리면 서로 많
이 먹겠다고 싸워 가족 간에 심각한 불평등이나 불화가 발
생할 것 같으면, 평등형 밥상을 선택할 가능성이 높다는 것
이다. 이는 가족이나 인간을 바라보는 시각에 따라 자유에
대한 선택이 달라질 수 있음을 의미한다. 과연 우리 가족은
어떠한 가족인가. 우리 인간은 어떠한 인간인가.

모든 주장이 어느 정도 일리가 있지만 마지막 두 가지
이유가 설득력이 높아 보인다. 물론 현실에서는 여러 가지
요인이 복합적으로 작용했을지도 모른다. 이유가 어찌되었
든 여기서는 밥상의 형태가 초래하는 결과에 초점을 맞추
어 생각해보자.

다만 먹을 것이 풍족하다면 밥상의 형태가 그다지 중요

하지 않을 수도 있다. 각자에게 자신의 분량만큼을 나누어
주는 평등형 밥상에서도 원하는 사람에게 음식을 추가로
제공한다면, 음식을 밥상 가운데 놓고 자유롭게 먹는 자유
형 밥상과 사실상 차이가 없기 때문이다. 따라서 관심의 대
상은 형편이 어렵거나 준비한 음식이 모자란 경우라 할 수
있다. 준비한 음식이 부족하다는 가정(assumption)을 할 수
밖에 없는 이유다.

밥상의 형태에 따르는 대가

자유형 밥상에는 어떤 대가가 따르는가

자유형 밥상은 어떤 결과를 가져올까. 그 결과는 가족에 따라 다르게 나타날 것이다. 먼저 앞에서 설명한 바와 같이 가족들이 서로 배려하고 양보하는 경우가 있을 수 있다. 이런 경우, 음식을 밥상 가운데 놓더라도 각자 적당한 양만 먹을 것이기 때문에 음식이 풍요로운 경우와 마찬가지로 밥상의 형태는 그다지 중요하지 않을 수 있다. 콩 한 쪽을 나누어 먹기도 하지 않는가.

그러나 인간의 욕심은 끝이 없다. 가족이라고 해도 마찬가지다. 우리는 이기적인 가족구성원을 많이 본다. 이기적인 것보다 더한 경우도 있다. 다른 가족구성원이 얼마나 먹느냐에 관심을 두고, 자신이 다른 형제자매보다 많이 먹어야만 만족하는 사람도 있다. 이러한 상황에서 모든 음식을 밥상 가운데 놓고 자유롭게 밥을 먹을 경우, 더 많이 먹기 위해 경쟁하게 될 것은 불을 보듯 뻔하다.

　문제는 자유경쟁하에서 식사량은 사람에 따라 차이가 날 수밖에 없다는 것이다. 얼마나 빨리 먹을 수 있느냐에 따라 식사량이 좌우되는데, 그 속도는 사람마다 크게 다르다. 체질상 음식을 빨리 먹을 수 있는 사람이 있는 반면, 그렇지 못한 사람도 있다. 음식을 오래 씹는 사람도 있고, 그냥 삼키는 사람도 있다. 속도는 같더라도 다른 가족을 배려하는 사람이 있는가 하면, 그렇지 못한 사람도 있다. 다른 가족이 무서워 눈치를 보느라 많이 먹지 못할 수도 있다. 밥상에 자유가 부여되면 식사량에 차이가 나는 것은 불가피하다. 밥상에서의 자유에도 대가(代價)가 따를 수밖에 없다는 것이다. 그 대가는 불평등이다.

자유를 제한하는 평등형 밥상

　반대로 평등형 밥상은 어떤 결과를 초래할까. 차려놓은 음식을 모두 먹고 나면 음식을 더 제공하지 않는다는 가정하에 가족들은 당연히 똑같은 양의 식사를 하게 될 것이다. 이처럼 평등한 양의 식사를 할 수 있다는 점이 평등형 밥상의 장점이다.

　그러나 평등형 밥상에도 문제가 있을 수 있다. 나이나

체격이 다르면 필요한 음식의 양이 다를 수 있다. 평등형 밥상은 이를 반영하지 못한다. 다만 이러한 문제는 쉽게 해결될 수 있다. 밥상을 개별적으로 차렸다 해도 나이나 체격에 따라 음식의 양을 다르게 할 수 있기 때문이다.

평등형 밥상의 더 큰 문제는 자유를 제한한다는 점이다. 자유는 그 자체로 소중한데, 평등형 밥상은 식사의 자유를 제한할 수밖에 없다. 그뿐만 아니라 평등형 밥상은 가족들이 자신의 기호대로 식사하는 것을 가로막을 수도 있다. 누구는 김치를 좋아하고, 누구는 고기를 좋아하고, 누구는 나물을 좋아할 수 있다. 이러한 상황에서 자유형 밥상이 차려졌다면 각자 자기가 좋아하는 음식 위주로 먹을 것이다. 그런데 평등형 밥상이 차려짐으로써 가족구성원 모두 똑같은 음식을 먹게 된 것이다. 평등형 밥상에는 개인의 기호를 반영할 수 없다. 그렇기 때문에 가족구성원들의 기호가 크게 다를 경우, 평등형 밥상은 가족 모두에게 불만이 될 수 있다.

평등형 밥상은 개인주의를 조장할 수도 있다. 어려서부터 자기 밥상의 음식만 먹다 보면, 나중에도 혼자서 밥 먹는 게 익숙해질 수 있다. 평등형 밥상이 일반적인 일본에 가보면, 혼자 밥 먹는 사람을 아주 쉽게 볼 수 있다. 서양처럼 일반적인 식당에서 혼자 먹는 것도 아니다. 일본인들은 〈그림 6〉에서와 같이 독서실처럼 칸막이가 설치되어 있는 좁은 공간에서 혼자 식사를 하기도 한다. 한국에서는 낯설지만 일본에서는 매우 흔하게 볼 수 있는 광경이다. 자기중심적인 서양과 달리 다른 사람에 대한 배려가 일상화되어 있는 일본에서 이와 같이 남들과 어울리기 싫어하는 사람이 많은 것은 무엇 때문일까. 다른 사람에 대한 배려가 부담되어 어울리기 싫어할 수도 있겠지만, 자기 밥상만 먹는 것이 습관화되어 그런 것은 아닐까.

자기 밥상만 쳐다보고 자기 밥상에 있는 음식만 먹는 데 익숙해지면 자기만의 세계에 쉽게 빠질 수도 있다. 단순한 추정에 불과하지만 한 분야에 몰입하는 사람을 뜻하는 '오타쿠'(オタク)가 일본에 많은 것과 상관 있을지도 모른다. 자기만의 세계에 빠지는 것이 나쁘다고만 할 수는 없지만 인간은 사회적 동물이다. 사람 인(人)은 두 사람이 기대어 있는 모습을 형상화한 글자다. 기대지 않는 사람은 외롭고 허전하며 완전하지도 않다.

하이브리드형 밥상인 절충형 밥상

다행스럽게도 밥상의 유형에 자유형과 평등형만 있는

그림 6 칸막이가 설치되어 있는 일본 식당
독서실처럼 칸막이가 설치되어 있는 식당에서 손님들이 혼자
식사하고 있다.

것은 아니다. 밥상의 세 번째 유형으로 '절충형' 밥상을 생각해볼 수 있다. 절충형 밥상은 자유형과 평등형이 섞인 일종의 하이브리드형 밥상이다. 〈그림7〉은 절충형 밥상의 한 예를 보여준다. 밥과 국 등은 개인별로 나누어주되 전, 김치, 나물 같은 반찬들은 식탁 가운데 차려놓고 각자 자유롭게 먹도록 하는 밥상이다. 최근 한국의 일반적인 밥상 형태와 가장 유사하다.

절충형 밥상은 최소한의 평등은 보장하되 자유를 일부 허용하는 경우라 할 수 있다. 먹을 것이 부족했던 시절에는 절충형 밥상에 둘러앉은 가족들이 밥상 가운데 있는 반찬부터 경쟁하듯이 먹고 자신의 밥과 국은 마지막에 먹는 웃지 못할 일이 벌어졌던 것이 사실이다. 그러나 그러한 상황이라면 자유형 밥상은 더 심한 경쟁과 불평등을 가져왔을 것임이 틀림없다. 절충형 밥상에는 자유형 밥상의 불평등 문제와 평등형 밥상의 획일성 문제를 완화하는 장점이 있다. 경쟁에 밀린 가족구성원 중 일부가 굶주리는 것은 방지하면서도 각자의 기호에 따라 식사할 수 있도록 하는 것이다.

한국의 밥상은 밥과 국은 각자 몫으로 나눠주고 반찬은 가운데 놓고 자유롭게 먹도록 하는 것이 일반적이다. 그러

그림7 한국식 절충형 밥상의 사례
밥과 국은 개인별로 나누어주되 전, 김치, 나물 같은 반찬들은
식탁 가운데 차려놓고 자유롭게 먹는다.

나 필요에 따라서는 밥이나 국은 밥상 한가운데 놓고 비싼 고기반찬이나 생선반찬 등은 각자에게 분배해 먹는 식으로 다양하게 변형할 수도 있다.

일본과 한국의 밥상이 평등형이거나 절충형인 것은 무의식적으로 공평함을 갈망하는 국민의 정서 때문일 수 있다. 중국에서도 예전에는 평등형 밥상이 일반적이었음을 생각해보면, 이는 동양 문화의 일반적인 특징일 수도 있다. 그렇다면 동양과 서양 간에는 어떠한 문화적 차이가 있을까. 이 문제는 다음 장에서 다루기로 하고 여기서는 밥상의 형태에 대해 조금 더 살펴보자.

지금까지 밥상의 형태를 자유의 정도에 따라 자유형, 평등형 그리고 이를 결합한 절충형으로 구분했다. 그러나 경우에 따라 또 다른 변형도 가능하다. 대표적인 예가 '맞춤형'이다. 맞춤형 밥상은 개인의 기호에 따라 각자 다른 밥상을 차리는 경우다. 이런 차원에서 보면, '맞춤형'은 '개인형'이라고 부를 수도 있다. 예를 들면 고기를 좋아하는 첫째에게는 고기, 나물, 김치를 각각 2:1:1의 비율로, 나물을 좋아하는 둘째에게는 1:2:1의 비율로, 김치를 좋아하는 셋째에게는 1:1:2의 비율로 제공할 수 있다. 각자에게 아예 다른 음식을 제공할 수도 있다. 첫째에게는 불고기를, 둘째에게는 비빔밥을, 셋째에게는 김치말이 국수를 차려주는 식이다. 각자 좋아하는 음식을 많이 먹을 수 있다는 점에서 맞춤형 밥상은 가족들에게 가장 이상적인 밥상일 수 있다.

그러나 맞춤형 밥상에도 나름 커다란 문제가 있다. 무엇보다도 음식을 준비하는 사람이 너무 힘들다. 개인의 기호에 따라 서로 다른 밥상을 차려야 하고 때에 따라서는 여러 가지 음식을 준비해야 하기 때문이다. 기호를 반영해 밥상을 차리는 것 자체도 쉬운 일이 아니다. 입맛에 따라 반찬을 나누어주기 위해서는 가족들의 기호를 미리 알아야 하는데, 이를 정확하게 알기가 쉽지 않다. 기호는 수시로 바뀌기도 하기 때문이다. 그래서 가정에서 이와 같은 맞춤형 밥상을 차리는 것은 사실상 불가능하다.

맞춤형 밥상은 평등형 밥상과 마찬가지로 개인주의를 조장할 수도 있다. 각자에게 차려진 음식을 각자 먹는다는 점에서 평등형 밥상과 유사하기 때문이다. 예를 들어 직장에서 동료들과 점심식사를 할 때는 각자 자신이 원하는 음식을 주문하여 먹는 경우가 일반적이다. 한 걸음 더 나아가면 식대를 함께 식사한 사람 수로 나누어 지불하고, 심한 경우에는 각자 자신이 먹은 음식의 비용만을 정확하게 계산하기도 한다. 이러한 풍토가 자연스러운 사회도 있겠지만 이를 너무 계산적이고 개인주의적이라고 여기는 사회도 있다. 자신이 먹은 음식값을 각자 계산한다는 의미의 'Dutch treat'(네덜란드식 접대)가 사실은 영국인들이 네덜란드인들을 비하하기 위해 만든 말이라는 사실이 이를 뒷받침한다.

2
행복의 자유와 도덕적 의무

행복의 자유와 선택의 자유

행복할 자유

〈그림 1〉에서 가운데 있는 사람은 행복할까? 아니면 행복하지 않을까?

다큐멘터리로도 방송된 바 있는 『EBS의 다큐멘터리 동과 서: 서로 다른 생각의 기원』에는 세계 여러 나라의 사람들을 대상으로 설문조사한 결과가 정리되어 있다. 그림을 보여주고 '가운데 있는 사람은 행복할까?'를 묻는 설문이었다. 이에 대해 서양인들은 대부분 가운데 있는 사람이 행복해 보인다고 응답한 반면, 대다수의 동양인은 행복해 보이지 않는다고 응답했다. 동일한 그림을 놓고 사람들이 서로 다른 생각을 할 수 있다는 점에서 매우 흥미로운 결과임이 틀림없다.

이러한 동서양의 차이는 과연 일반적일까? 이러한 차이가 일반적이라면 어디에서 비롯된 것일까? 앞의 책에서는

그림 1 가운데 있는 사람은 행복할까?
같은 그림을 두고 동양인과 서양인이 서로 다른 생각을 할 수 있음을
보여준다.

이 차이를 생각의 차이라고 설명한다. 서양에서는 개인적인 성향이 강하기 때문에 주변 사람들이 행복하지 않아도 가운데 사람은 행복할 수 있다고 생각하는 반면, 동양에서는 주변 환경을 중요하게 여기기 때문에 주변 사람들이 행복하지 않으면 가운데 사람도 행복하기 어렵다고 생각한다는 것이다. 그러한 이유로 서양인들은 가운데 사람의 표정에만 집중해 그 사람의 행복을 판단하지만, 동양인들은 가운데 사람은 물론 주변 인물들의 표정까지 함께 관찰해 그 사람의 행복을 판단한다는 것이다. 이와 같은 생각의 차이는 인물사진을 찍을 때도 잘 나타난다고 한다. 서양인들은 인물사진을 찍을 때 사람만 찍는 경향이 있는 데 비해, 동양인들은 일반적으로 배경과 함께 사진을 찍는다.[1]

세상을 바라보는 시각도 동양과 서양이 크게 다르다. 동서양의 그림을 비교해보면 이 차이를 쉽게 알 수 있다. 〈그림 2〉와 〈그림 3〉은 천재 화가 다빈치(Leonardo da Vinci)의 「최후의 만찬」과 고흐(Vincent van Gogh)의 「밤의 카페 테라스」다. 이 그림들의 바탕에는 '세상의 중심에 내가 있고, 나를 중심으로 세상을 이해한다'는 작가의 시각이 깔려 있다. 이에 따라 작가 자신을 기준으로 가까운 부분은 크게 그리고 먼 부분은 작게 그리는 원근법을 적용했다.[2]

그림 2 레오나르도 다빈치, 「최후의 만찬」, 1495~97, 산타마리아 그라치에 성당
천장의 선을 보면 가까운 부분은 크게, 먼 부분은 작게 그렸음을
알 수 있다.

그림 3 빈센트 반 고흐, 「밤의 카페 테라스」, 1888, 크뢸러뮐러 미술관
멀리 있는 테이블은 가까이 있는 테이블보다 작게 그려져 있다.

이어서 우리나라 화가들의 작품을 살펴보자. 〈그림 4〉 와 〈그림 5〉는 조선시대를 대표하는 화가인 단원 김홍도의 「무동」과 겸재 정선의 「금강내산총도」다. 이들은 '나'를 중심으로 세상을 바라보지 않는다. 그렇기 때문에 이들에 게 원근법은 의미가 없다. 원근법은 그림을 그리는 사람을 중심으로 했을 때 적용되는 것이기 때문이다. 따라서 작가 자신을 중심으로 생각하지 않으면 멀리 있다고 해서 작게 그릴 이유가 없다.[3] 심지어 보이는 대로 그릴 필요도 없고 시점(視點)을 고정시킬 이유도 없다. 사물의 관점에서 그 림을 그리면 멀리 있는 사물도 크게 그릴 수 있다.[4]

동서양의 시각 차이는 그 자체로도 흥미로운 주제이지 만 이 책에서 이를 포괄적으로 다루지는 않겠다. 관심이 조 금 다르기 때문이다. 다만 세상을 바라보는 동서양의 시각 차이는 이 책의 주제인 인간의 자유가 가져오는 비극적 측 면과 관련 있을 수밖에 없다. 주변을 신경쓰지 않는 자유로 운 선택이 더 큰 부작용을 야기할 수 있기 때문이다.

여기서는 이 책의 주제에 맞게 다음과 같이 질문을 바꾸 어보자.

"〈그림 1〉에서 가운데 있는 사람에게는 행복할 자유가 있 을까?"

그림 4 김홍도, 「무동」, 18세기 후반, 국립중앙박물관
원근법이 적용되지 않아 멀리 있다 해서 작게 그리지 않는다.

그림 5 정선, 「금강내산총도」, 1711, 국립중앙박물관
동양의 화가들이 '나'를 중심으로 세상을 바라보지
않았음을 보여준다.

많은 사람은 가운데 있는 사람에게 행복할 자유가 있다고 대답할 것이다. 그 이유는 다양하겠지만 행복할 자유는 인간의 타고난 권리, 즉 자연권이기 때문이라는 게 가장 많을 것이다. 행복을 추구할 권리는 우리 헌법에도 규정되어 있는 기본권 가운데 하나다. 이 헌법적 권리를 부정하기는 어렵나.[5] 다음은 헌법 제10조다.

모든 국민은 인간으로서의 존엄과 가치를 가지며, 행복 을 추구할 권리를 가진다. 국가는 개인이 가지는 불가침의 기본적 인권을 확인하고 이를 보장할 의무를 진다.

그런데 '행복할 자유가 있는가?'라는 질문에는 문제가 하나 있다. 이 그림의 전후 맥락이 전혀 설명되어 있지 않기 때문이다. 따라서 단순히 그림만 제시해놓고 가운데 있는 사람에게 행복할 자유가 있느냐고 묻는 것은 합당하지 못할 수 있다. 따라서 그림에 구체적인 상황을 포함시킨 몇 가지 사례를 생각해보자.

사례 1 그림에서 가운데 있는 사람은 성격이 낙천적인 반면, 나머지 사람들은 비관적이다. 그래서 경제적이거나 사회적인 환경 등이 똑같은데도 가운데 있는 사람은 행복하고, 나머지 사람들은 그렇지 못하다. 가운데 있는 사람은 웃고 있고, 나머지 사람들은 화가 나 있는 이유다.

사례 1을 다루기 전에 상황을 조금 바꾸어보자.

사례 1-1 그림에서 가운데 있는 사람은 능력이 뛰어나고 근면성실하여 돈을 많이 벌었다. 나머지 사람들은 능력이 부족하고 근면성실하지 못하여 매우 어렵게 살고 있다. 가운데 있는 사람은 웃고 있고, 나머지 사람들은 화가 나 있는 이유다.

이러한 두 가지 상황을 전제한 상태에서 똑같은 질문을 던져보자. 가운데 있는 사람에게 행복할 자유가 있을까?

사례 1은 물론이고 사례 1-1의 경우에도 많은 사람은 가운데 있는 사람에게 행복할 자유가 있어야 한다고 대답할 것이다. 다만 이번에는 사람마다 그렇게 생각하는 이유를 다양하게 제시할 것이다. 어떤 사람은 앞에서와 마찬가지로 '행복할 자유는 인간의 타고난 권리'이기 때문에 행복할 자유가 있다고 대답할 것이다. 사례 1에 대해 어떤 사람은 가운데 있는 사람이 다른 사람들을 행복하게 할 마땅한 방법이 없기 때문에 행복해도 된다고 대답할 것이다. 사례 1-1에 대해 어떤 사람은 가운데 있는 사람이 자신의 능력에 따라 성실하게 일한 대가로 많은 돈을 번 것이기 때문에 행복할 자유가 있다고 대답할 것이다. 또 어떤 사람은 가운데 있는 사람이 다른 사람들에게 직접 피해를 주는 것은 아니기 때문에 행복할 자유가 있다고 대답할 것이다.

그러나 사례 1-1에 대해 모든 철학자가 가운데 있는 사람에게 행복할 자유가 있다고 생각하지는 않을 것 같다. 예를 들면 칸트(Immanuel Kant)는 자신이 세운 도덕법칙에 따르는 것을 진정한 자유라고 보았다. 어려운 이웃이 있으면 그러한 이웃을 불쌍히 여기고 그 사람의 감정에 공감해야 한다는 것이 칸트의 도덕법칙이라면, 가운데 있는 사람에게는 이웃의 불행한 감정에 공감하는 것이 오히려 진정한 자유가 된다. 이웃의 불행에 공감하지 않고 혼자 행복을 느끼는 것은 칸트에게 진정한 자유가 아닐 수 있다.

선택의 자유

그렇지만 칸트와 같은 몇몇 사람을 제외하고는 '인간에게는 행복할 자유가 있다'는 명제를 완전히 부정하지는 못할 것 같다. 그래서 '행복할 자유가 있을까?'라는 질문을 다음과 같이 바꾸어보자.

"〈그림 1〉에서 가운데 있는 사람에게는 옆에 있는 사람들을 돕지 않아도 되는 선택의 자유가 있을까?"

〈그림 1〉 속 다섯 사람의 관계도 조금 더 구체화해보자.

사례 2 그림의 다섯 명은 모두 남매다. 가운데 있는 사람은 능력이 뛰어나고 근면성실하여 돈을 많이 벌었다. 나머지 남매들은 능력이 부족하거나 근면성실하지 못하여 매우 어렵게 살고 있다. 가운데 있는 사람은 웃고 있고, 나머지 사람들은 화가 나 있는 이유다.

〈그림 1〉의 다섯 사람이 모두 남매라는 것이다. 주위에 있는 사람들이 자신과 관계가 없는 사람이 아니라 피를 나눈 가장 가까운 사람이라는 의미다. 그렇다면 가족들이 어려운 형편으로 고통받고 있을 때도 중앙에 있는 사람에게는 다른 사람을 돕지 않아도 되는 선택의 자유가 있을까?[6]

여기서 한 걸음 더 나아간 사례도 있다.

사례 2-1 그림의 다섯 명은 모두 남매다. 가운데 있는 사람이 돈을 많이 벌게 된 이유는 자신이 열심히 일했기 때문만이 아니라 가난한 부모가 그 사람만 교육시켰기 때문이다. 가난한 부모가 자식 가운데 유일하게 가운데 있는 사람만 대학에 보냈고, 그래서 가운데 있는 사람만 돈을 많이 벌게 되었다. 나머지 사람들은 가난한 부모가 교육을 시키지 못해 경제적으로 매우 어렵게 살고 있다. 가운데 있는 사람은 웃고 있고, 나머지 사람들은 화가 나 있는 이유다.

이 경우에는 어떨까. 가운데 있는 사람은 다른 가족들을 돕지 않아도 되는 선택의 자유가 있을까.

이를 알아보기 위해 선택의 자유와 무관해 보이는 '도덕적 의무'에 대해 먼저 살펴보자.

도덕적 의무의 굴레

도덕적 의무에는 어떤 것들이 있을까

우리는 학교에서 도덕 과목을 배웠고, 가정에서도 도덕에 관한 교육을 받았다. 도덕적 의무라는 단어도 그렇게 낯설지는 않다. 샌델(Michael Sandel)은 『정의란 무엇인가』(*Justice*)에서 도덕적 의무에 대해 잘 정리하고 있다. 그의 주장에 따르면 인간에게는 세 가지 유형의 도덕적 의무가 있다. 바로 자연적 의무, 자발적 의무, 연대 의무다. 자연적 의무란 인간으로서 보편적으로 지켜야 하는 의무를 말한다. 인간을 존중하고, 정당하게 행동하며, 잔인한 행동을 삼가는 등의 의무가 여기에 속한다. 자발적 의무는 합의에 의해 발생하는 의무를 말한다. 약속이나 합의를 지켜야 하는 의무 등이 여기에 속한다. 연대 의무는 가족, 국가, 민족 등 구성원으로서 지켜야 하는 의무를 말한다. 아이를 돌보거나, 부모님을 모시거나, 공동체의 구성원이 어려울 때 도와

주어야 하는 의무 등이 여기에 속한다.[7]

샌델의 유형을 적용하면, 50페이지에 있는 사례 2에서 가운데 있는 사람에게는 가난한 가족들을 도와주어야 하는 도덕적 의무가 있다. 이유야 어떻든지 간에 가족들이 어려운 형편으로 고통받고 있다면, 가족의 구성원으로서 다른 구성원을 도와주어야 하는 의무, 즉 연대 의무가 발생하기 때문이다.

사례 2-1의 경우는 어떨까. 사례 2와 동일한 도덕적 의무가 있을까. 그렇지 않다. 사례 2-1의 경우, 가운데 있는 사람은 다른 남매들에 대해 (연대 의무에 더해서) 추가적인 도덕적 의무를 진다. 나는 전작 『가난한 집 맏아들』에서 이와 같은 도덕적 의무를 제4의 도덕적 의무, 즉 '보상 의무'(compensation obligation)라고 불렀다. 가난한 집 부모가 형편이 어려워 맏아들밖에 대학공부를 시키지 못했다면, 혼자만 공부해서 성공한 맏아들은 성공이라는 열매의 일부를 형제자매들과 나누어야 한다는 것이다. 이와 같은 도덕적 의무는 단순히 형제자매들이 어렵게 살기 때문에 이들을 도와주어야 한다는 연대 의무와 조금 다르다. 형제자매들이 비용을 지불했기 때문이다. 맏아들이 대학에 갔기 때문에 다른 형제자매들이 대학에 가지 못했다는 것은 그들이 암묵적으로 비용을 지불했다는 것을 의미한다. 비용을 지불한 형제자매들에게 그에 대한 보상을 해야 하는 의무가 제4의 도덕적 의무, 즉 보상 의무다.

도덕적 의무에 대해 설명하는 이유는 사례 2와 사례 2-1에서 가운데 있는 사람의 선택의 자유가 그 사람의 도덕적 의무와 충돌하기 때문이다.

자유와 도덕적 의무가 충돌하다

도덕적 의무란 강제할 수 없다는 점에서 우리에게 있는 선택의 자유를 침해하지 않는다고 주장할 수도 있다. 도덕은 이행하면 좋은 것이지 반드시 이행해야 하는 강제성이 있는 의무가 아니라는 것이다. 만일 이것이 사실이라면, '도덕'과 '의무'를 결합한 도덕적 의무라는 표현은 억지스럽고 그 자체로 모순적인 것이 된다.

철학적인 의미에서 의무는 '강제력이 있는 규범에 근거하여 인간의 의지나 행위에 부과되는 구속'이라고 정의된다. 여기에서 '강제력이 있는'이라는 표현은 강제성이 없는 도덕의 개념과 모순된다. 영어 단어에서도 'obligation'(의무)은 '법, 규칙, 약속 등에 따라 반드시 행해야 하는 것'이라고 정의된다. 여기에서도 '반드시 행해야 하는'이라는 표현은 강제성이 없는 도덕의 개념과 모순된다.

표현의 문제를 떠나 샌델을 포함해서 도덕적 의무를 강제성이 있는 의무로 이해하는 사람은 많지 않다. 그리고 이러한 견해는 실제로도 타당해 보인다. 도덕적 의무가 강제성이 있는 의무라면 이를 강제하는 주체가 있어야 하는데 그런 주체는 없기 때문이다.

이쯤 되면 '사람들이 의무가 아닌 것(도덕적 의무)을 의무라고 이름 짓고, 마치 이를 꼭 행해야만 하는 것처럼 나든 사람들을 현혹하고 있는 것은 아닌가' 하는 생각이 드는 것도 전혀 이상하지 않다. 다시 말해 일부 사람이 도덕적 의무를 마치 꼭 행해야만 하는 것처럼 설명하면서 그 말을 믿는 순진한 사람들을 기만해 그들이 도덕적 의무를 따르도록 유도하는 것 같은 인상을 주고 있다는 것이다. 반대로 영악한 사람들은 의무라는 말에 현혹되지 않고 자신들에게 주어진 선택의 자유를 만끽하고 있을지도 모른다.

〈그림 1〉에서 가운데 있는 사람에게 주위에 있는 사람들을 돕지 않아도 되는 자유가 진정으로 있다면, 주위에 있는 사람들을 도와야 할 의무는 도덕의 여부와 상관없이 없어야 한다. 반대로 가운데 있는 사람에게 주위에 있는 사람들을 도와야 할 의무가 있다면, 주위에 있는 사람들을 돕지

않는 선택을 할 자유는 없거나 제한되어야 한다.

화가 나 있는 주변 사람들 틈에서 가운데 있는 사람 혼자 웃고 있다면, 그는 도덕을 자신과 관계가 없는 것처럼 생각하거나 무시하고 있는 것처럼 보이기도 한다. 그는 우리에게 다음과 같이 소리치고 있는 것 같다.

"도덕은 죽었다!"

자유를 신봉하는 사람에게 도덕은 무의미할 수 있다. 그는 우리에게 다음과 같이 말하고 있는지도 모른다.

"내가 비난받을지는 몰라도 나는 개의치 않아. 왜냐하면 나에게는 자유가 있으니까."

자유가 불러오는 비극적 측면인 셈이다.

우리는 '자유'를 좋은 것으로만 여겨왔다. 그리고 '자유'는 인간 최고의 가치 가운데 하나로 인정받아왔다. 그런데 자유가 이러한 비극을 가져오다니 도대체 자유란 무엇인가. 우리에게는 어떤 자유가 있는 것일까. 그리고 우리의 자유에는 어떤 제한이 있어야 하는 것일까.

3
자유란 무엇인가

자유를 위한 투쟁의 역사

자유를 향한 인류의 이동

인간은 자유를 원하고 이를 위해 투쟁해왔다. 심리학세에서는 행복을 결정짓는 여러 요인 중 자유의 정도가 가장 중요하다는 주장이 나올 정도다.[1]

여기서는 자유를 얻기 위한 인류의 투쟁을 몇 가지 사례를 통해 정리한다. 새로운 내용이 있는 것은 아니다. 모두가 아는 사실이다. 그런데도 이 부분을 포함시킨 이유는 자유가 초래하는 비극적인 측면만 강조하다 보면, 자유의 소중함을 간과할 우려가 있다고 생각했기 때문이다. 마지막장에서 시사점을 제시하기 위해 선택된 사례들도 있다.

인류는 아프리카에서 등장해 점차 전 세계로 퍼져나가게 되었다고 한다. 〈그림 1〉은 인류의 DNA를 분석한 최근 연구로 밝혀진 초기 인류의 이동경로를 보여준다.

인류는 왜 목숨을 걸고 멀리 이동했을까? 아마도 마실

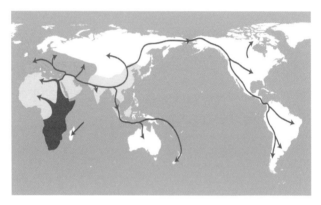

그림1 초기 인류의 이동경로

　　인류는 아프리카에서 등장해 점차 전 세계로 퍼져나가게 되었다고 한다.

것과 먹을 것을 찾기 위해서 또는 더 살기 좋은 기후나 환경을 찾기 위해서였을 것이다. 누군가의 압제에서 벗어나기 위한 이동도 있었을 것이다.

센(Amartya Sen)의 자유 개념에 따르면, 인류의 이동은 모두 자유를 찾기 위한 이동으로 확대해석할 수 있다. 그는 발전(development)을 평가하는 유일한 기준이 자유의 증진이어야 한다고 주장했다. 그러면서 발전의 의미를 '사람들이 소중히 여길 만한 삶을 영위하고 선택을 실제로 확장시키는 실제적인 자유'로 해석했다. 그의 자유 개념을 조금 더 확대하면, 선택 가능성의 확대가 바로 자유의 증진이 된다. 이러한 차원에서 보면, 선택 가능성을 넓히기 위한 인류의 이동은 모두 자유를 증진시키기 위한 이동으로 이해할 수 있다.

자유를 향한 인류의 이동은 과거에만 있었던 것이 아니다. 더 많은 자유를 향한 사람들의 이동은 여전히 현재진행형이다. 자기 나라를 떠나 다른 나라로 이주하는 이민이 대표적인 예다. 전쟁, 박해, 경제적 궁핍을 피하기 위해 자신이 살던 곳을 무조건 떠나는 난민들도 있다. 최근 크게 늘어난 난민과 이로 인한 사회문제로 유럽 국가들은 골머리를 앓고 있다. 그래서 난민에 대한 사람들의 인식과 처우도 나빠지고 있다. 그런데도 난민들의 행렬은 그칠 기미를 보이지 않고 있다. 더 가치 있는 삶과 자유에 대한 희망이 있기 때문이다. 오늘날까지 인류의 발전은 자유의 증진이었고, 인류의 역사는 자유 증진의 역사였다.

국가의 융성과 자유

시오노 나나미는 『로마인이야기』 제1권에서 로마가 강성해진 요인 가운데 하나로 로마의 개방성을 들었다. 그 개방성을 보여주는 대표적인 사례가 로마가 정복민을 대하는 태도다. 로마는 정복민을 노예화하지 않고 동등하게 대했다는 것이다. 다음은 시오노 나나미의 말이다.

그들(패배자—저자 주)에게는 선주민과 동등한 시민권이 주어지고, 유력자한테는 원로원 의석이 제공되었다.

다시 말해서 다른 민족들은 로마와 치른 전투에서 지더라도 노예가 되지 않았다. 노예는커녕 로마 주민과 동등한 시민권이 주어졌다. 당연하게도 다른 민족들은 자신의 자유를 지키기 위해 로마와 목숨 걸고 싸울 이유가 없었다.

로마에서는 오랫동안 헌신적으로 봉사한 노예에게 주인

이 보답하는 의미로 자유를 주기도 했다. 이렇게 보답의 의미로 자유를 얻은 노예를 해방노예라고 불렀는데, 이들의 자손에게는 로마의 시민권도 주었다.[2] 노예에게는 자신의 자유와 자손들의 시민권을 위해 헌신적으로 일할 이유가 있었다. 자유를 향한 열망을 제국의 부흥과 확장에 활용한 사례다, 헌신적으로 일하도록 동기를 부여하는 것이 국가 융성의 핵심 요인이라는 점에서 로마의 융성은 단순한 우연이 아니었다.

자유를 보장함으로써 경제발전을 이룩한 일은 역사적으로 반복되어왔다. 또 하나의 대표적인 사례는 종교의 자유를 허용해 우수인력을 유치한 것이다. 1598년 프랑스 국왕 앙리 4세는 칼뱅주의(Calvinism) 신교도들을 포용하기 위해 이들에게 종교의 자유를 포함한 다양한 권리를 부여했는데, 이를 '낭트 칙령'(Edict of Nantes)이라고 한다.

이와는 반대로 1685년 루이 14세는 낭트 칙령을 완전히 폐지하고 신교도들의 해외 이주마저 금지하는 새로운 칙령을 발표한다. 그러자 신교도들은 목숨 걸고 종교의 자유를 찾아 프로이센(지금의 독일), 네덜란드, 영국, 스위스 등으로 이주했다. 당시 40만 명이나 이주했다고 한다. 이는 프랑스 경제에 엄청난 피해를 끼쳤다. 이주민들이 대부분

그림 2 앙리 4세의 낭트 칙령 원본
종교의 자유를 포함해 다양한 권리를 부여하는 내용이
담겨 있다.

교육받은 기술자였기 때문이다. 똑같은 이유로 이들은 새로 이주한 국가의 경제 발전에 커다란 원동력이 되었다. 스위스로 이주한 기술자들은 스위스 시계산업의 주역이 되었고 영국으로 이주한 기술자들은 18세기 영국 산업혁명의 주역이 되었다. 심지어 이들을 받아들이기 위해 다양한 혜택을 제공한 나라도 있었다. 브란덴부르크가 대표적인 예인데, 빌헬름(Frederick Wilhelm, 나중에 프리드리히 1세가 됨) 선제후는 일정 기간 세금을 면제해주는 등의 내용을 담은 '포츠담 칙령'(Edict of Potsdam)을 발표하기도 했다.

이와 같은 논리를 오늘날 적용하면 다음과 같은 주장이 가능하다.

"선진국이 되면 자유의 정도가 커지는 것이 아니다. 자유의 정도가 큰 국가가 선진국이 되는 것이다."

더 많은 자유가 보장되는 국가일수록 그 자유를 얻고자 하는 외국의 좋은 인재를 끌어모을 수 있다. 열심히 일한 사람에게 더 많은 자유를 허용하는 구조를 갖추어야 선진국이 될 수 있다.

자유를 얻기 위한 신대륙 이주[3]

우수한 해외인력의 유입을 통해 경제발전을 이룬 국가로 미국을 빼놓을 수 없다. 영국의 분리주의(정치와 종교의 분리를 주장하는 분파) 청교도 102명과 승무원 수십 명을 실은 메이플라워호는 우여곡절 끝에 1620년 9월 영국의 플리머스항을 떠나 그해 11월 신대륙에 도착했다. 종교적 박해를 피해 자유를 찾기 위한 모험적인 항해였다.

그 과정은 순탄치 않았다. 당초 버지니아 식민지를 목적지로 삼았던 메이플라워호는 두 달이 넘는 항해 끝에 지금의 매사추세츠주 코드곶에 도착했다. 이후 버지니아 식민지를 향한 항해가 악천후에 가로막히자 이곳으로 다시 돌아와 겨울을 지냈다. 정찰대를 보냈지만 신대륙 겨울의 모진 추위에 동상만 걸렸을 뿐, 원주민들의 식량을 약탈한 것 외에는 별 소득이 없었다. 배에는 괴혈병 같은 질병이 퍼졌다. 결국 인원의 절반 정도가 그해 겨울이 가기 전 목숨을 잃었다.

봄이 되자 육지로 올라가 오두막을 지을 수 있게 되었다. 다행스럽게도 이들은 스콴토(Squanto)라는 인디언을 만났다. 스콴토는 영국에 다녀온 적이 있었으며 영어도 구사했다. 왐파노아그족(Wampanoag) 마사소이트(Massasoyt) 추

그림 3 브라운스콤, 「최초의 추수감사절」, 1914, 필그림 홀 박물관
　　자유를 찾기 위해 이동한 사람들 중 살아남은 사람들은 곡식을 수확한 뒤
　　감사하는 마음을 담아 예배를 드렸다.

장과 평화조약을 맺는 데 도움을 주었고, 옥수수를 재배하는 방법, 물고기를 잡는 방법, 필요한 물품을 구하는 방법 등도 알려주었다. 그가 아니었다면 메이플라워호의 사람들은 그들이 찾고자 했던 자유를 얻기도 전에 모두 죽었을지 모른다. 결국 살아남은 사람들은 1621년 가을 첫 곡식을 수확했다. 그리고 이를 감사하는 의미에서 예배를 드렸다.

영국에서 온 이주민들과 마사소이트 추장 간의 평화는 추장이 살아 있는 동안 유지되었다고 한다. 그렇지만 모든 원주민과 평화롭게 지냈던 것은 아니다. 영국에서 온 다른 이주민들은 피쿼트족(Pequot)의 땅을 빼앗기 위해 그들을 무참히 살해하기도 했다.[4] 이주민들의 폭력은 결국 원주민들의 땅을 전부 빼앗을 때까지 계속되었다. 자신의 소중한 자유를 얻기 위해 미국으로 간 사람들이 다른 사람들의 자유를 마음대로 빼앗는 일이 벌어진 것이다. 자유를 위해 투쟁하는 과정에서 다른 사람들의 자유를 희생시킨 것은 아마도 자유의 비극적 측면 때문일 것이다.

프랑스혁명에서 자유를 발견하다

1789년 프랑스에서는 자유를 얻기 위한 사람들의 투쟁이 본격화되었다. 프랑스혁명의 시작이었다.

프랑스혁명은 자유와 평등을 쟁취하기 위해 평민들이 벌인 투쟁이었다. 당시 프랑스 국왕인 루이 16세는 이를 진압하기 위해 무력을 동원했고, 이에 대항해 파리 시민은 바스티유 감옥을 습격하여 죄수들을 풀어주고 국왕의 무기를 빼앗았다. 이어 국민의회를 소집한 대표들은 시민의 권리를 선언했는데, 이것이 '프랑스 인권선언'이다. 하인으로 위장해 오스트리아로 몰래 망명하려던 루이 16세는 사람들에게 발견되어 재판에 회부되었고, 국민을 배신한 죄로 1793년 사형에 처해졌다.

프랑스혁명의 기치는 자유와 평등으로 요약할 수 있다. 이는 프랑스 인권선언 제1조에도 잘 나타나 있다.

사람은 자유롭게 태어나 자유롭고 평등한 권리를 가지고 살아간다. 사회적 차별은 오로지 공공 이익에 근거할 경우에만 허용될 수 있다.[5]

그러나 프랑스혁명이 성공했는데도 사람들은 원하던 자유를 쉽게 얻을 수 없었다. 1824년 루이 18세에 이어 왕위에 오른 샤를 10세는 혁명 전으로 복귀하기 위해 극단적인 반동정책을 실시했다. 이에 대해 부르주아 세력을 중심으로

그림 4 들라크루아, 「민중을 이끄는 자유의 여신」, 1830, 루브르 미술관
깃발의 파란색, 흰색, 빨간색은 자유, 평등, 박애를 나타낸다.

파리의 민중이 1830년 7월 다시 한번 혁명을 일으켰는데, 이것이 7월혁명(제2의 프랑스혁명)이다.

〈그림 4〉는 들라크루아(Eugène Delacroix)가 7월혁명을 모티브로 그린 작품 「민중을 이끄는 자유의 여신상」(La Iiberté guidant le peuple)이다. 쓰러져 있는 사람들을 통해 우리는 프랑스인들이 많은 사람의 희생 위에서 자유를 얻었다는 것을 알 수 있다.

자유를 향한 한국의 투쟁

맥켄지(Fred McKenzie)는 그의 저서 『대한제국의 비극』(*The Tragedy of Korea*)에서 일본군에 맞서 싸우는 의병과 직접 나눈 대화를 소개한다.

그는 말했다. "우리는 죽을지도 모릅니다. 뭐, 죽으라고 하지요. 일본의 노예로 사느니 차라리 자유인으로 죽는 것이 훨씬 낫습니다."[6]

여기에는 죽음을 불사할 만큼 뜨거운 자유에 대한 열망이 잘 담겨 있다. 미국 독립전쟁 당시 "자유가 아니면 죽음을 달라!"고 한 헨리(Patrick Henry)의 말이 떠오른다.

〈그림 5〉는 같은 책에 나와 있는 사진 가운데 하나인데, 의병들의 표정에서 결연한 의지가 잘 드러난다. 한편 일본은 의병들을 온갖 방법을 동원해 진압했다. 〈그림 6〉에는 의병들을 진압하는 과정에서 일본군이 불태워 폐허가 된 마을의 모습이 잘 나타나 있다.

하지만 자유와 독립을 향한 한국인의 투쟁은 그치지 않았다. 이를 정리하는 것은 너무나 방대한 작업이라 이 책의 범위를 벗어난다. 여기서는 맥켄지의 또 다른 저서 『자유를 위한 한국의 투쟁』(*Korea's Fight for Freedom*)에 실린 3·1운동에 대한 묘사를 인용하는 것으로 대신한다.

> 33인은 순교를 택했다. 그들은 독립선언서에 처음으로 서명한 사람들이었다. 그들은 이로 인해 운이 좋더라도 심한 처벌을 받게 될 것을 알았다. 최악의 상황에서 죽을 수 있다는 것도 알았다. (…) 독립선언서는 잘 요약하기 어려운 내용으로 이루어졌다. 그것은 고대 예언자의 고결한 어조로 써 내려졌다. 그것은 한국인의 염원 이상의 것, 압제와 중세의 군국주의에서 벗어나 자유와 평화의 약속된 땅을 향해 투쟁을 벌이고 있는 새로운 아시아의 외침이었다.[7]

그림 5 자유를 위한 투쟁을 벌이고 있는 의병들의 모습
　　극심한 탄압 속에서 자유를 위한 투쟁을 벌였던 의병들의 결연한
　　모습을 잘 보여준다.

그림 6 일본군이 불태워 폐허가 된 마을
　　우리가 현재 누리고 있는 자유가 아무런 대가 없이 공짜로 얻어진
　　것이 아님을 보여준다.

악마의 섬을 탈출하는 빠삐용

샤리에르(Henry Charriere)의 실화를 바탕으로 한 프랑스 소설 『빠삐용』(*Papillon*)과 이를 원작으로 한 할리우드 영화 「빠삐용」도 자유가 얼마나 소중한지 일깨워주는 좋은 사례다.

누명을 쓰고 감옥에 갇힌 빠삐용은 자유를 얻기 위해 수차례 탈옥을 감행한다. 그러나 번번이 붙잡혀 감옥에 갇힌다. 여러 감옥을 전전한 빠삐용은 자유를 향한 투쟁을 결코 멈추지 않는다. 마지막에는 자신이 갇혀 있는 '악마의 섬'에서 벗어나 자유를 얻기 위해 야자열매를 채운 자루 하나에 목숨을 걸고 벼랑에서 바다로 뛰어내린다. 썰물의 흐름을 타 섬에서 멀어진 빠삐용은 망망대해 한가운데서 소리친다.

"이 놈들아, 나는 아직 살아 있다!"

빠삐용에게 자유는 삶의 의미이자 목적이었다.

그림 7 영화 '빠삐용'의 포스터
영화 속 주인공을 통해 인간에게 자유가 얼마나
소중한지 일깨워준다.

자유는 무엇을 의미하는가

사전적 의미의 자유: 외부적인 구속으로부터의 자유

자유란 무엇일까. 자유의 사전적 의미는 '외부적인 구속이나 무엇에 얽매이지 아니하고 자기 마음대로 할 수 있는 상태' 또는 '남에게 구속을 받거나 무엇에 얽매이지 않고 자기 마음대로 행동하는 일 또는 그러한 상태'다.

이를 보면 자유의 개념을 쉽게 이해할 수 있을 것 같기도 하다. 첫째로 남이나 외부의 구속이 없고, 둘째로 자기 마음대로 행동할 수 있는 상태가 자유로운 상태인 것이다.

그러나 자유의 개념은 그리 간단하지 않다. 특히 철학적으로 접근해보면 자유에 대한 이해는 시대에 따라 학자에 따라 매우 다양하게 이루어져왔음을 알 수 있다.

밀이 생각하는 자유: 해악의 원리(harm principle)

자유를 논의하면서 근대 자유주의의 아버지로 불리는

밀(John Stuart Mill)을 빼놓을 수 없다.[8] 밀은 『자유론』(*On Liberty*)에서 자유를 침해해서는 안 되는 인간의 권리라고 강조한다. 자유에 대한 밀의 생각은 다음과 같은 그의 글에서 잘 드러난다.

> 인간사회에서 누구든―개인이든 집단이든―다른 사람의 행동의 지유를 침해할 수 있는 경우는 오직 한 가지, 자기 보호를 위해 필요할 때뿐이다.
> 이 유일한 경우(다른 사람에게 해악을 끼치는 경우―저자 주)를 제외하고는 문명사회에서 구성원의 자유를 침해하는 어떤 권력의 행사도 정당화될 수 없다.[9]

다른 사람에게 해악을 끼치지 않는 한 행동의 자유가 침해당해서는 안 된다는 것이 밀의 생각인 것이다. 이러한 밀의 생각은 1789년 작성된 프랑스 인권선언 제4조와 맥락을 같이한다.

> 자유는 타인을 해치지 않는 한 모든 행위를 할 수 있는 자유를 의미한다.

여기서 해악을 끼친다는 것은 무슨 의미일까. 안타깝게도 밀은 '다른 사람에게 해악을 끼치는' 행위를 명확히 밝히지 않았다. 다만 그는 다른 사람에게 해악을 끼치는 몇 가지 사례를 제시했다. 예를 들면 ①명시적인 법 규정에 따라 개인의 권리로 인정되는 다른 사람들의 이익을 침해하는 경우 ②사회를 유지하는 데 필요한 노동과 희생 가운데 자기 몫(예를 들면 세금)을 내지 않는 경우 등이 그러하다. 그러나 다른 사람의 감정을 상하게 하는 것처럼 주관적으로 해석할 수 있는 피해나 불확정적이거나 추정적인 피해는 해악에 포함되지 않는 것으로 이해했다. 다음 글을 살펴보자.

사회생활을 하다 보면 공공 의무를 조금도 위반하지 않고, 또 자신을 제외한 어느 누구에게도 눈에 띌 만한 손해를 주지 않는 행동이지만, 그럼에도 이른바 불확정적 또는 추정적 피해를 사회에 끼칠 수 있다. 이 정도의 불편은 자유라는 좀 더 큰 목적을 위해 감수할 수밖에 없다.[10]

밀은 오늘날의 관점에서는 이해하기 어려운 경우까지 국가의 간섭에 반대했다.[11] 예를 들면 마약과 독약 등에 대한

JOHN STUART MILL, M.P.

그림 8 존 스튜어트 밀
　　근대 자유주의의 아버지로 불리는 그는 인간의 자유를
　　침해해서는 안 되는 권리라고 강조한다.

규제까지도 이들이 유용한 목적으로 쓰일 수 있다는 이유를 들며 원칙적으로 반대했다.

그는 어떤 행동을 함으로써뿐만 아니라 어떤 행동을 하지 않음으로써도 남에게 피해를 줄 수 있고, 어떤 경우든 그 피해에 대해 책임질 수밖에 없다고 말한다. 다만 어떤 행동을 하지 않음으로써 남에게 피해를 주는 것은 예외적인 경우에만 문제 삼아야 한다고 밝히고 있다.[12]

자유를 침해하는 권력의 행사에 부정적이었던 밀의 사상은 자유주의 이데올로기를 대표한다고 할 수 있다. 그의 이데올로기는 많은 학자를 통해 지금까지 계승되어 받아들여지고 있다. 자유주의자와 신자유주의자가 대표적이다. 신자유주의(neo-liberalism)는 국가권력의 개입을 비판하고 시장의 기능과 민간의 자유로운 활동을 중시하는 이데올로기다. 경제적 자유주의라고 할 수 있는 신자유주의는 경제학계에서 하나의 커다란 흐름을 차지해 왔다.

칸트가 생각하는 자유: 자율

자유를 자율(autonomy)로 이해하는 사람들도 있다. 칸트가 대표적이다. 사전적인 의미로 자율은 '남의 지배나 구속을 받지 아니하고 자기 스스로의 원칙에 따라 어떤 일을 하는 일' 또는 '자기 스스로 자신을 통제하여 절제하는 일'로 정의된다. 여기서 중요한 부분은 '남의 지배나 구속을 받지 아니한다'가 아니라 '스스로의 원칙에 따른다' 또는 '자신을 통제하여 절제한다'다. 자율과 자유의 의미가 일반적으로 다른 것은 이 때문이다.

자율의 개념은 칸트에게서 잘 드러난다. 칸트에 따르면 자율은 이성(理性)이 스스로 세운 보편적 도덕법칙을 따르는 것을 의미한다. 다시 말해 의지가 이성의 명령(이를 칸트는 정언명령이라고 했다)에 복종하는 것을 자율이라고 한다.[13] 칸트는 인간이 동물임에도 감성의 자연적 욕망에 따르지 않고 자신이 세운 도덕법칙, 즉 이성의 법칙에 따르는 힘을 가졌다고 보았으며, 이러한 의미에서 칸트에게 자율은 진정한 자유를 의미한다.

칸트의 자유 개념은 인간의 이성을 신뢰하고 존중하던 시대의 산물이다. 다시 말해 이성의 힘을 믿고 그와 같은 이성을 보유하고 있는 존재로서 인간의 자유를 강조하던 계몽주의의 산물이라고 해석할 수 있다. 과연 인간은 자신이 세운 도덕법칙, 즉 이성의 법칙을 따르는 힘을 가진 존재일까?

루소가 생각하는 자유: 자치

자유를 자치(self-rule)로 이해하는 사상도 있다. 바로 공화주의(republicanism)다. 공화주의는 사적 이익보다 공공의 이익을 우선하여 사회공동체에 자발적으로 참여하는 시민이 정치의 주체가 되어야 한다는 사상이다. 시민들이 공익에 관해 숙고하고 공동체에 이바지해야 한다는 것이다. 이를 위해서 공공의 이익에 대한 지식을 쌓고, 공동체와 도덕적 유대감을 쌓는 등 시민의 덕을 갖추어야 하며, 시민적 덕을 함양시키는 정치가 필요하다는 것이 공화주의자의 생각이다.[14] 루소(Jean-Jacques Rousseau)를 비롯해 몽테스키외(Montesquieu), 토크빌(Tocqueville) 등이 이에 해당한다. 최근 『정의란 무엇인가』의 저자로 유명해진 샌델도 이 범주에 포함될 수 있다.

이 가운데 루소는 모든 사회구성원이 정치적 소외와 불평등에서 벗어나 진정한 자유를 얻기 위해서는 모두가 참여하는 의사결정 과정이 마련되어야 한다고 주장했다. 국가는 사회계약의 결과인데, 그 바탕에는 자유와 평등을 지향하는 시민의 의지(일반의지)가 있다는 것이다. 이러한 차원에서 보면, 루소가 말하는 자치는 자유와 정치적 의무를 결합한 개념으로 이해할 수도 있다.[15]

센이 생각하는 자유: 실제적인[16] 자유

1998년 노벨 경제학상을 수상한 센의 자유 개념도 자유를 이해하는 데 큰 도움을 준다.

센은 자신의 저서 『자유로서의 발전』(*Development as Freedom*)에서 발전의 최우선 목적은 인간의 자유 향상에 있으며, 한 사회의 성공은 기본적으로 사회구성원이 향유하는 실제적인 자유(substantive freedom)로 평가해야 한다고 주장했다.[17] 그는 사회적 선택이나 발전을 평가하는 데 있어 개인의 역량을 강조했다. 여기서 개인의 역량이란 개인이 달성할 수 있는 기능을 선택할 수 있는 실제적인 자유를 의미한다.[18]

센은 자신이 생각하는 자유가 무엇인지에 대해서 명시적으로 밝히지는 않았다. 그러나 그에게 자유가 단순히 구속이나 제약이 없는 것을 의미하지 않음은 분명하다. 단순히 소득이 많은 것도 아니다. 그는 사람들이 소중히 여길 만한 삶을 영위하는 것을 중요하게 생각했다. 그리고 이러한 것을 인간의 역량이라고 불렀다. 이는 아무리 구속이나 제약이 없고 소득이 높더라도 소중히 여길 만한 삶을 영위할 선택을 할 수 없다면 진정한 자유가 없다는 것을 의미한다. 센은 자유 가운데 특히 다음과 같은 다섯 가지 자유를 인간의

그림 9 아마티아 센

센은 소중히 여길 만한 삶을 영위할 수 있는 실제적인 자유의
중요성을 강조한다.

역량을 증진시키는 도구의 차원에서 강조한다.

① 정치적 자유
② 경제적 용이성
③ 사회적 기회
④ 투명성 보장
⑤ 안정 보장

이를 보면 센이 말하는 실제적인 자유는 일반적으로 인식되는 자유보다 훨씬 더 포괄적인 개념이라는 것을 알 수 있다. 다섯 가지 자유 가운데 첫 번째를 제외하고는 일반적으로 자유의 범주에 포함시키지 않기 때문이다.

한편 밀의 해악의 원리와 센의 실제적 자유 개념은 자유를 이해하는 차원이 조금 다르다는 점에 유의할 필요가 있다. 밀의 해악의 원리는 개인이 어떤 행동을 해도 되는지 안 되는지를 구분하는 판단기준에 가깝다. 반면, 센의 실제적 자유 개념은 엄밀하게 말해 실제로 자유가 얼마나 주어져 있는지, 즉 자유의 정도를 평가하는 기준에 가깝다.

센이 생각하는 자유는 여러 가지 차원에서 평가할 수 있겠지만 여기서는 그가 선택의 자유가 갖는 중요성을 강조했다는 점에 주목하고자 한다. 물론 센 이전에도 선택의 자유를 강조한 학자가 종종 있었다. 다음은 바우어(Peter Bauer)가 한 말이다.

나는 선택범위의 확장, 즉 효과적 대안의 범위가 확대되고 이것이 사람들에게 개방되는 것이 경제발전의 주요한 목표이자 기준이라고 간주한다.[19]

루이스(William A.Lewis)도 발전의 목표가 인간의 선택범위를 증진시키는 것이라고 말한 바 있다.[20]

센은 발전을 평가하는 기준의 차원에서 선택의 자유를 강조했지만, 이 책에서는 한 걸음 더 나아가 선택 가능성 그 자체를 자유로 이해할 수도 있다는 점을 강조하려고 한다.

명목적인 자유와 실질적인 자유의 차이

앞에서 설명한 바와 같이 센에게 중요한 것은 '사람들이 소중히 여길 만한 삶을 영위할 수 있는 실제적인 자유'다. 이와 유사한 자유의 정의가 하나 있다.[21] 『메리엄-웹스터 사전』

에 등재되어 있는 자유의 정의는 다음과 같다.

"자신이 원하는 것을 하거나 선택할 수 있는 힘"

여기서 힘(power)이란 무엇일까. 과거에는 구속, 제약, 강제에서 벗어나는 힘에 주목했다. 즉 과거에는 전제군주나 독재에서 벗어난다는 정치적인 의미에서 힘을 중시했다.

그러나 센의 자유 개념에서도 일부 드러나지만 힘은 구속, 제약, 강제에서 벗어나는 정치적인 힘만을 의미하지 않는다. 정치적 힘뿐만 아니라 물리적인 능력이나 경제적인 능력까지 포함한 모든 능력으로 이해하는 것이 바람직하다. 아무리 정치적인 자유가 있더라도 물리적인 힘이 없으면 실질적인 자유는 없다. 또한 아무리 정치적인 자유가 있더라도 경제적 능력이 부족해 실제로 선택할 수 없다면 실질적인 자유는 없다. 아무리 '명목적인'(nominal) 자유가 있더라도 실제로 어떤 행동을 할 수 있는 능력이 없다면 '실질적인'(real) 자유는 없다는 것이다.

이때 '실질적인'의 의미는 센이 말하는 '실제적인' (substantive)의 의미와 유사하면서도 완전히 같지는 않다. '실제적인'은 소중한 삶을 영위하고 있는지를 전체적으로 평가하는 기준에 가깝다. 반면 여기서 말하는 '실질적인'은 명목적으로 주어진 특정한 자유를 개인이 실질적으로 누릴 수 있는지를 판단하는 기준에 가깝다.

예를 들어 설명해보자. 미국 샌프란시스코만에는 알카트라즈라는 작은 섬이 있다. 과거에 교도소로 사용하던 곳이다. 주위에 상어가 많아 탈출이 불가능한 것으로 알려졌으며, 악명 높은 미국의 갱단 두목 카포네(Al Capone)가 말년에 수감되었던 곳으로도 유명하다. 지금은 교도소로 사용하지 않고 관광객들이 배를 타고 와서 감옥 내부를 구경하는 관광지가 되었다.

사례 1 알카트라즈섬을 방문한 관광객들이 한창 감옥을 구경하고 있을 때 감옥 문이 고장 났다. 그래서 감옥 안을 구경하던 한 관광객이 갇히게 되었다. 아무리 해도 문은 열리지 않는다.

이 관광객에게는 이동의 자유가 있는가. 감옥에 갇힌 이 관광객은 명목적으로는 자유인이다. 법적으로나 제도적으로 그의 자유는 침해당하지 않고 있다. 그러나 이 관광객에게 실질적으로 자유가 있다고 하기는 어렵다. 감옥 문을 부술 힘이 없기 때문에 고장 난 감옥 문을 고치기 전까지 갇혀 있어야 하기 때문이다. 이 사람에게는 감옥 문을

그림 10 알카트라즈섬의 전경
　　　이 섬은 예전에 교도소로 사용되었고 현재는 관광지로 활용되고 있다.

고칠 때까지 죄를 지어 감옥에 갇힌 사람과 마찬가지로 실질적인 자유는 없다고 보는 것이 타당하다.

물론 진짜로 죄를 지어 감옥에 갇힌 사람과 감옥 문이 고장 나서 갇힌 사람 간에 다소의 차이는 있다. 전자에게는 풀려날 희망이 없지만 후자에게는 조만간 풀려날 희망이 있기 때문이다. 흥미로운 점은 이와 같은 차이가 미국 남북전쟁 당시 임금노동과 노예노동 사이에서도 찾아볼 수 있다는 것이다. 당시 링컨(Abraham Lincoln)은 임금노동이 노예노동보다 나은 이유로 "북부의 임금노동자들은 언젠가 자신(임금노동자)의 처지에서 벗어날 수 있다는 희망을 가질 수 있는 데 반해 노예들은 그럴 수 없다"고 했다.[22]

다음 사례를 살펴보자.

사례 2 관광지인 알카트라즈 감옥에 인질범들이 들이닥쳤다. 숀 코너리(Sean Connery), 니콜라스 케이지(Nicolas Cage) 등이 주연으로 출연한 영화 「더 록」(The Rock)의 한 장면이다. 이 영화에서 인질범들은 인질들을 붙잡고, 구출 작전이 불가능하도록 섬 곳곳에 샌프란시스코 도시 전체를 쑥대밭으로 만들 수 있는 로켓을 배치한다. 그리고 미국 정부에 인질들의 몸값을 요구한다. 여기서는 영화와 달리 인질범들이 인질로 잡힌 사람들에게 각자의 몸값을 요구한다고 가정해보자. 또 주인공이 알카트라즈섬에 잠입해 인질들을 무사히 구출해내는 영화와 달리 여기서는 몸값을 내지 않으면 인질이 풀려날 수 없다고 가정해보자.

어떤 사람은 자신의 몸값을 지불하고 풀려날 수 있을 것이다. 그러나 몸값을 지불할 경제적 능력이 없는 사람은 인질극이 진압되지 않는 한 계속 감옥에 갇혀 지내야 한다. 몸값을 지불할 능력이 없이 계속 감옥에 갇혀 있는 관광객도 명목적으로는 자유인이다. 하지만 경제적 능력이 없어 풀려나지 못하고 있다면 그에게 자유는 실질적으로 없다고 보는 게 타당하다.

명목적으로는 자유가 있지만 실질적으로는 자유가 없는 경우는 이밖에도 얼마든지 있다. 또 다른 예를 들어보자.

사례 3 쪽방촌에 사는 매우 가난한 사람이 있다. 그의 통장 잔고는 거의 0원이다. 지금 사는 곳의 월세가 밀려 쫓겨나더라도 보증금마저 돌려받을 수 없는 처지에 있다. 주위에 잘 아는 사람도 없어 돈을 빌릴 곳도 없다.

이 사람에게 거주·이전의 자유가 있을까. 거주·이전의 자유는 우리나라 헌법 제14조에서 규정하는 국민의 기본권이다. 헌법적 권리인 만큼 그에게 거주·이전의 자유는 보장되어 있다고 보는 것이 타당하다. 그러나 그것은 '명목적인' 자유로 거주를 이전하는 데 법적·제도적 제약이 없다는 것을 의미할 뿐이다. 그에게 '실질적인' 거주·이전의 자유는 없다. 다른 곳으로 거주지를 이전하기 위해서는 돈이 필요한데 그에게는 돈이 없다. 노숙자가 되는 것을 제외하고 불행하게도 그가 거주를 옮길 수 있는 실질적인 방법은 없다.

이러한 차원에서 보면 실질적인 자유는 '선택의 자유'와 밀접한 관련이 있음을 알 수 있다. 명목적인 자유가 있더라도 실제로 선택할 수 있는 대안이나 선택 가능성이 없으면 실질적인 자유는 없는 것이기 때문이다.

또한 실제로 선택할 수 있는 대안이 '있다, 없다'처럼 이분법적으로 나뉘는 경우뿐만 아니라 대안의 폭이 '넓다, 좁다'처럼 정도(degree)로 나타나는 경우도 있다. 실질적인 자유의 정도가 사람에 따라 매우 다를 수 있다는 것이다. 외식할 수 있는 자유가 있더라도 그 자유의 정도는 경제적 능력에 따라 크게 달라진다. 외식 메뉴는 몇천 원짜리부터 수십만 원짜리까지 다양하게 존재하는데, 실제로 선택 가능한 메뉴의 범위는 수중에 있는 돈에 따라 다를 수밖에 없다. 경제적인 능력에 따라 거주·이전의 자유의 정도도 크게 달라질 수 있다. 경제적 능력에 따라 선택 가능한 집의 규모가 달라지기도 하고, 거주할 수 있는 지역의 범위가 달라지기도 한다.

롤스(John Rawls)도 『정의론』(*A Theory of Justice*)에서 계층에 따라 자유의 정도가 달라질 수 있음을 다음과 같이 지적한 바 있다.

> 한 계층의 사람들이 다른 계층의 사람들보다 더 큰 자유를 가질 경우나 혹은 자유가 당연히 그래야 할 것보다 덜 광범위한 경우, 자유는 평등한 것이 되지 못한다.[23]

롤스가 말하는 자유의 정도는 실질적인 자유와 밀접한 관련이 있다. 그는 '자유의 정도'를 '자유의 가치'라고 표현하기도 했다. 즉 모든 사람에게 명목적인 자유가 있다 하더라도 그 자유의 가치는 사람마다 다르게 나타날 수 있다고 주장한 것이다.

> 빈곤이나 무지 그리고 일반적으로 수단의 결여로 인해 자신의 권리나 기회를 이용할 능력이 없는 것이 때로는 자유의 특유한 제한 조건으로 간주된다. (…) 자유의 가치는 모든 이

에게 다 동일하지는 않다. 어떤 자는 더 큰 권력과 부를 가지며 따라서 그들의 목표를 달성할 더 큰 수단을 갖는다.[24]

앞에서도 설명했지만 경제적 능력만 능력이 아니다. 육체적 능력도 능력이다. 산에 오를 자유가 있더라도 건강하지 못해서 산에 오를 수 없는 사람들에게 산에 오를 자유는 명목적인 자유일 뿐이다. 정신적 능력도 마찬가지다. 낙상이 두려워 산에 오를 수 없는 사람들에게도 산에 오를 자유는 명목적인 자유일 뿐이다.

지금까지의 사례와는 정반대로 명목적으로는 자유가 없지만 실질적으로는 자유가 있는 사람들도 있을 수 있다.

사례 4 부패가 심한 국가의 한 교도소 안에 힘과 돈이 많은 어떤 재소자가 있다. 이 사람은 교도소 안에서 교도관마저 부하처럼 부려먹으며 호의호식하고 있다. 다른 재소자들도 그가 원하는 대로 움직인다. 재소자가 교도소 내의 제왕처럼 군림하고 있는 것이다.

이 재소자는 명목적으로 많은 자유를 누리지 못해야 한다. 교도소 밖으로 나가지 못하는 것은 물론 식사시간, 음식의 양과 종류, 운동시간과 운동의 종류, 흡연과 음주, 면회 등에서 많은 행동의 제약을 받아야 한다. 그러나 부패한 교도소 내의 이 재소자는 교도관들에게 돈을 주거나 협박을 해서 자신이 필요한 것을 얼마든지 얻어낼 수 있다. 담배도 피우고, 고급 술도 마시고, 비싼 외부 음식도 먹을 수 있다. 운동기구도 다양하게 이용할 수 있다. 면회도 자유롭게 할 수 있다. 다른 재소자들을 부려먹기도 한다. 이 재소자는 자유롭지만 돈이 없는 빈민보다 더 화려한 생활을 즐기고, 실제로 더 많은 선택을 할 수 있다. 명목적인 자유는 없지만 실질적인 자유는 더 많은 것이다.

법과 제도가 우리에게 명목적인 자유를 보장하고 있더라도 모든 사람이 이러한 자유를 실질적으로 누리지는 못한다. 반대로 명목적인 자유가 없더라도 실질적인 자유를 누리는 사람들도 있다. 실질적인 자유를 누리는 데 있어서는 자신이 원하는 선택을 할 수 있는 힘과 능력이 중요한 이유다.

freedom과 liberty에 담긴 자유의 의미

자유를 영어로 번역하려고 하면 자유라는 단어에 여러 의미가 담겨 있음을 쉽게 알 수 있다. 자유에 해당하는 영어 단어에 두 가지가 있기 때문이다. 바로 'freedom'과

'liberty'다.

freedom과 liberty의 의미는 사전마다 크게 다르다. 사전만으로는 두 단어를 쉽게 구분할 수 없을 만큼 freedom과 liberty의 차이에 대해서는 많은 논란이 있다. 심지어 학자에 따라 전혀 다른 해석을 하기도 한다.

여기서는 freedom과 liberty의 차이와 관련해 다음과 같은 두 가지 의견을 정리해보고자 한다. 이 의견들에 동의하기 때문이 아니라 자유에 두 가지 측면이 있다는 것을 설명하기 위해서다.

첫째로 freedom은 개인에 초점을 맞추는 자유인 반면, liberty는 사회적 합의를 통해 주어지는 자유라는 주장이다. 이러한 주장에 따르면, 국가에 의해 부여되는 자유는 liberty에 해당하며, 권리로서의 자유도 국가나 법으로 보장된다는 면에서 liberty에 해당한다.[25]

이러한 구분은 뉴욕에 있는 자유의 여신상이 'Statue of liberty'로 불리는 이유를 잘 설명해준다. 오른손에는 횃불을, 왼손에는 독립선언서를 들고 있는 자유의 여신상은 미국 독립 100주년을 기념해 프랑스가 미국에 선물한 것이다. 미합중국을 대표하는 사람들이 독립을 선언했다는 점에서 liberty라는 것이다.[26] 로크(John Locke)의 자유 개념도 여기서 말하는 liberty로서의 자유와 맥을 같이한다.

자유(liberty)는 연방제도의 동의에 의한 것을 제외하고는 어떤 권력 아래에도 있지 않다. 국민은 자신이 신뢰를 가지고 만든 법권력과 무관한 어떤 의지나 법적 제약으로부터 자유롭다.[27]

둘째로 freedom과 liberty 모두 자유로운 상태를 나타내지만, freedom은 어떤 것으로부터의 자유를 의미하는 반면, liberty는 무엇을 할 수 있다는 차원의 자유를 뜻한다는 주장이다. 다시 말해 freedom은 부재(absence)의 의미를 부각하는 반면, liberty는 힘이나 능력에 초점을 맞춘다.[28]

이와 같은 구분은 언론의 자유나 종교의 자유를 의미할 때 왜 freedom이라는 단어를 쓰게 되었는지 이해하는 데 도움이 된다. 과거 언론의 자유나 종교의 자유는 독재자나 권력에 구속되거나 강제되는 것에서 벗어나는 것을 의미했기 때문에 'freedom'이라는 단어를 사용하게 되었다. 이에 따르면 'freedom of speech'가 맞는 표현이며, 'liberty of speech'는 잘못된 표현이 된다.[29] freedom으로서의 자유는 홉스(Thomas Hobbes)의 자유 개념과 유사하다. 홉스는 자유로운 인간을 다음과 같이 정의했다.

> 자유로운 사람은 자기가 할 수 있는 것과 관련하여 의지를
> 가지고 하고자 하는 것을 방해받지 않는 사람을 의미한다.[30]

사용한 용어는 조금 달랐지만 밀도 자유가 두 가지 의미로 사용될 수 있음을 이미 알고 있었다. 밀은 자유와 관련해 '강제가 없는 자유'(liberty as the absence of coercion)와 '자유롭게 행동할 수 있는 자유.'(liberty as the freedom to act)를 구분함으로써 자유의 본질을 이해하는 데 많은 도움을 주었다. 이와 같은 자유의 구분에 대해 벌린(Isaiah Berlin)은 소극적인 자유와 적극적인 자유라는 이름을 붙여 구분하였다.

자유가 충돌하다

지금까지 학자에 따라 자유의 개념과 그 강조하는 측면이 크게 다르다는 것을 살펴보았다. 문제는 이러한 차이 때문에 충돌과 갈등이 발생할 수 있다는 점이다.

예를 들면 밀이 주장하는 자유 개념에 따르면, 사람들은 다른 사람에게 커다란 피해를 주지 않는 한 어떤 행동도 할 수 있어야 한다. 결과가 불평등해도 할 수 없다. 그러나

루소와 같은 공화주의자에게는 공적인 이익이 사적인 이익보다 앞선다. 따라서 다른 사람에게 피해를 주지 않는 것만으로는 부족하다. 모두가 참여하는 의사결정 과정을 통해 정치적 소외와 불평등에서 벗어나야 진정한 자유를 얻기 때문이다.

밀이 주장하는 자유는 센이 주장하는 자유와도 충돌할 수 있다. 한 사람의 자유로운 행동이 소중한 삶을 영위하려는 다른 사람을 방해할 수 있기 때문이다. 가령 〈그림 1〉에서 가운데 있는 사람에게 주위에 있는 어려운 처지의 형제자매들을 돕지 않아도 되는 선택의 자유가 있으면, 주위 사람들은 어려운 경제적 형편 때문에 소중한 삶을 영위하기 어려운 상황에 봉착할 수 있다. 또 다른 예를 들면, 제로섬 사회에서 능력이 좋은 사람이 혼자 먹을 것을 거의 차지해 버리면, 다른 사람들은 굶어 죽을 수도 있다. 한 사람의 선택 가능성(자유)이 확대됨으로써 다른 사람의 선택 가능성이 축소될 수도 있다는 것이다. 센은 이를 '모두가 최대한의 자유를 누리는 것'과 '자유의 불평등을 줄이는 것' 간의 갈등으로 묘사한 바 있다. 우리는 어떠한 자유를 추구해야 할까.

4

무인도에서 자유가
비극이 될 수 있는 열두 가지 이유 I

인간의 욕심과 사적 소유

무인도의 로빈슨 크루소와 프라이데이

디포(Daniel Defoe)의 『로빈슨 크루소』(*Robinson Crusoe*)는 여러 차례 영화로도 만들어진 바 있는 유명한 소설이다. 배가 난파된 후 무인도에서 살아가는 로빈슨 크루소의 이야기가 그려져 있다. 무인도에서 홀로 지내던 로빈슨은 이웃 섬에 사는 식인종에게서 구출한 원주민 프라이데이를 만나 같이 지내게 되고, 이후 무인도에 기착한 배의 선장을 구출해내 영국으로 돌아오게 된다.

프라이데이를 만나기 전 로빈슨의 생활은 매우 좋은 이야깃거리다. 인간의 고독, 삶에 대한 의지 등 흥미로운 부분이 많기 때문이다. 그러나 무인도에 홀로 있는 로빈슨에게 자유나 권리는 큰 의미가 없을 수 있다. 따라서 여기서는 로빈슨이 프라이데이를 만난 이후에 대해 살펴보기로 한다. 프라이데이의 등장으로 사회가 등장했고, 사회가 등장

THE
LIFE
AND
STRANGE SURPRIZING
ADVENTURES
OF
ROBINSON CRUSOE,
Of YORK, MARINER:

Who lived Eight and Twenty Years,
all alone in an un-inhabited Ifland on the
Coaft of AMERICA, near the Mouth of
the Great River of OROONOQUE;

Having been caft on Shore by Shipwreck, where-
in all the Men perished but himfelf.

WITH
An Account how he was at laft as ftrangely deli-
ver'd by PYRATES.

Written by Himfelf.

LONDON:
Printed for W. TAYLOR at the Ship in Pater-Nofter-
Row. MDCCXIX.

그림 1 『로빈슨 크루소』의 초판본 표지
배가 난파된 후 무인도에서 살아가는 로빈슨 크루소의 이야기가
그려져 있다.

함으로써 제도가 필요해졌다. 자유, 권리, 의무 등에 대한 사회적 결정도 필요하게 되었다. 무인도에서 같이 살아가는 로빈슨과 프라이데이의 삶과 자유에 관심을 두는 것도 이 때문이다.

소설 속에서 프라이데이는 로빈슨의 하인이 된다. 여기서는 이러한 상하관계는 무시하기로 하자. 이웃 섬에 사는 식인종 등도 생각해볼 수 있겠지만 논의를 단순화하기 위해 이웃 섬과 식인종의 존재 그리고 무인도에 기착한 다른 배의 존재 등도 일단 무시하기로 하자.

그러한 상태에서 로빈슨과 프라이데이는 첫째로 무인도에 있는 물건에 대한 소유 문제를 해결해야 한다. 다시 말해서 사적 소유, 즉 사유재산을 허용할지 정해야 한다. 사적 소유를 인정하고 나면, 그다음으로 채집 또는 수렵(이하 채집)을 마음대로 할지 아니면 일정한 기간에 각자가 채집할 수 있는 양을 제한할지 결정해야 한다. 채집의 자유에 대한 결정이다. 채집의 자유를 허용한다면 각자 소유한 물건을 서로 거래할 것인지 여부도 결정해야 한다. 거래의 자유를 허용할지에 관한 결정이다. 두 사람이 결정할 것은 이밖에도 많다. 제5부까지 이 문제들을 차례대로 살펴보기로 하자.

인간의 욕망에서 사적 소유가 발생하다

인간의 욕망이란 무엇일까. 인간의 욕망을 바라보는 시각은 인간과 세상을 바라보는 시각만큼 매우 다양하다. 인간의 욕망이 무엇인지 제대로 이해하려면 공자나 플라톤부터 시작해서 최근의 심리학까지 두루 섭렵해야 한다. 물론 그것들을 모두 섭렵한다 해도 인간의 욕망이 무엇인지 완전히 이해할 수 있다는 보장은 없다. 다만 논의를 시작하기 위해 욕망과 관련된 몇 가지 개념을 정리해보기로 한다.

헤겔(Georg Hegel)에 따르면, '욕구'(need)는 주체에게 어떤 것이 결핍되어 있는 상태로서 욕망의 실재적 전제를 이루는 것이고, '욕망'(desire)은 욕구에서 제시된 이러한 결핍을 채우고자 하는 주체의 활동 기점이다.[1] 욕구와 욕망에 관한 헤겔의 구분은 프로이트의 정신분석 이론과도 일맥상통한다. 프로이트의 정신분석 이론에 따르면 욕구는 순수하게 생물학적 차원에서 결여를 충족시키고자 하는 생리적 요구를 가리키는 데 반해, 욕망이란 욕구의 충족 체험이 어떤 지각의 기억과 결부되어 다시 욕구가 생겼을 때 이를 재현시키고자 하는 '마음의 활동'을 가리킨다.[2]

일상적으로는 욕구와 욕망을 같은 의미로 사용하기도 한다. 결핍을 욕구나 욕망의 중요한 요소로 설명하는 것도 마찬가지다. 자신에게 부족한 것을 채우기 위한 것이 욕구이자 욕망이기 때문이다.

한자를 보더라도 욕구는 결핍과 밀접한 관련이 있어 보인다. '욕'(欲)의 왼쪽에 '계곡 곡'(谷)이 있는데, 이는 입으로 물을 마시는 것을 형상화한 것이다. 욕의 오른쪽에 있는 '흠'(欠)은 결함과 부족을 의미한다. 이를 종합하면 욕구란 목이 말라서 물을 마시고 싶어 하는 것과 같다는 말이 된다. 『예기』는 사람의 칠정(七情) 가운데 하나인 욕을 무엇을 하고자 하는 마음으로, 배우지 않아도 할 수 있는 것이라고 설명한다(何謂人情 喜怒哀懼愛惡欲 七者 弗學而能).[3]

욕구나 욕망과 뜻이 비슷한 단어가 있다. 바로 욕심(greed)이다. 욕심은 '건강, 지위, 권력 등에 대한 지나치고 만족할 줄 모르는 갈망'으로 정의된다. 인간의 욕심은 끝이 없다는 것과 인간이 만족할 줄 모르는 존재임을 보여주고 있는 것이다. 이러한 욕심의 정의에 따르면, 결핍 때문에 욕구(또는 욕망)가 생기는 것이 아니라 욕심 때문에 결핍이 생기는 것으로도 이해할 수 있다. 결핍이 필연적일 수 있다는 점은 앞에서와 같다.

욕심은 '자신이 필요로 하는 것보다 지나치게 많이 얻거나 소유하고자 하는 욕망'으로도 설명할 수 있다.[4] 이때 소유하고자 하는 욕망이 바로 소유욕이다. 이러한 차원에서 보면 사적 소유는 인간 본성으로서의 욕심, 즉 소유욕 때문에 자연적으로 발생했을지 모른다. 우리가 살고 있는 사회가 사적 소유를 인정하기 때문이 아니라 인간 본성 때문에 사적 소유가 불가피하게 발생했다는 해석이다.

욕심을 가진 인간은 경제학에서 일반적으로 가정하는 이기적인 인간과 일맥상통한다. 자신을 위한 것을 욕심이라고 하지 남을 위한 것을 욕심이라고 하지는 않기 때문이다. 다만 '이기적'이라는 것은 자기 자신만을 생각하거나 자신만의 이익을 꾀하는 것인데, 실제로는 자기 자신만을 생각하지 않는 경우가 많이 있다. 자기 자신의 이익을 꾀하는 데서 더 나아가 남보다 더 큰 이익을 얻으려고 노력하기도 한다. 심지어 남들은 이익을 적게 얻거나 손해 보기를 바라는 경우도 있다. 인간은 질투하는 인간이다.

그렇다고 인간의 욕망이나 사적 소유를 부정적인 시각으로만 볼 필요는 없다. 욕망은 인간 활동의 원동력이다. 욕망 때문에 사회도 발전할 수 있었다. 사적 소유도 마찬가지다. 사적 소유에는 그 자체로 인간의 자유를 증진시키는 측면이 있다. 사적 소유와 이를 바탕으로 하는 소유권의 행사로 개인의 자유가 증진되기 때문이다. 사적 소유가 개인들에게 동기를 부여함으로써 경제 성장을 이룩한 것도 사실이다.

한편 누구에게 소유권을 부여할 것인지와 관련해 크게 두 가지 이론이 존재한다. 첫 번째는 선점한 사람에게 소유권이 있다는 주장이다. 이를 '선점에 따른 소유권'이라고 한다. 두 번째는 노동을 제공한 사람에게 소유권이 있다는 주장이다. 이를 '노동에 따른 소유권'이라고 한다. 물론 노동을 선점하기 위한 수단으로도 볼 수 있는데, 이 경우 '노동에 따른 소유권'이나 '선점에 따른 소유권'에는 사실상 차이가 없다.[5] 문제는 노동을 제공할 수 있는 대상(예를 들면 토지)의 양이 제한되어 모든 사람이 노동을 제공하지 못하는 상황이 발생할 수도 있다는 점이다. 로크는 이러한 상황을 염두에 두고 사적 소유는 그 대상이 부패하지 않는 범위 내로 제한해야 하고('불부패의 원칙'), 개인이 자신의 노동으로 얻을 수 있는 소유의 양은 다른 사람들도 동일하게 노동으로 얻을 수 있을 정도로 제한해야 한다('잔여의 원리')고 주장했다.

반면 칸트는 만인에 대한 소유권에 구속성을 부과하기 위해서는 단순한 일방적 의사가 아닌 모든 사람의 선택의 사를 결합하는 입법적 의지가 필요하다고 보았다.[6]

여기서는 소유욕이 인간의 본성임을 인정해 무인도에서도 사적 소유가 허용된다는 가정하에 논의를 시작하기로 하자.

채집의 자유가 초래하는 비극

제로섬 사회에서 채집의 자유는 허용되어야 하는가

무인도에 로빈슨밖에 없다면 사실상 모든 것이 로빈슨의 소유다. 따라서 필요 이상으로 채집할 이유가 없다. 소유욕이 겉으로 드러날 일도 별로 없다. 그러나 프라이데이와 같이 있게 된다면 상황은 달라질 수 있다. 더 많이 소유하려는 욕심이 겉으로 드러나거나 더 많이 채집하기 위한 경쟁이 발생할 가능성이 높다. 물론 사적 소유를 인정하더라도 채집을 공동으로 하거나 일정한 양으로 제한하면, 선점하기 위한 경쟁은 나타나지 않을 수도 있다. 이는 채집의 자유가 더 많은 것을 채집하기 위한 경쟁의 전제조건임을 의미한다.

그런데 농경이 이루어지지 않고 채집만 가능한 무인도에서는 먹을 것의 양이 정해져 있다. 예를 들면 무인도에서 로빈슨과 프라이데이가 일정 기간 채집할 수 있는 고구마의 양은 정해져 있다. 이는 무인도가 제로섬 사회라는 것을 의미한다.[7] 게다가 무인도에 있는 고구마의 양은 충분하지 못하다. 결핍의 상황인 것이다. 이러한 상황에서는 로빈슨이 고구마를 채집한 만큼 프라이데이가 채집할 수 있는 고구마의 양은 감소하게 된다.

밀의 자유 개념을 적용한다면, 제로섬 사회인 무인도에서 로빈슨과 프라이데이에게 채집의 자유를 허용해야 할까. 로빈슨이 고구마를 하나 더 채집하면 프라이데이가 채집할 수 있는 고구마가 하나 감소하게 되는 상황에서, 로빈슨이 고구마를 많이 채집하는 일은 프라이데이에게 '해악'을 끼치는 행위에 해당할까.

앞서 설명했듯이 밀은 이러한 상황에 대해 명시적으로 설명하고 있지 않다. 그러나 그는 이 채집 행위를 해악으로 간주하지는 않았을 것이다. 그 이유는 다음과 같다.

먼저 프라이데이가 입는 피해는 로빈슨이 채집한 고구마를 프라이데이가 채집할 수 있었다는 가정하에 발생하는 것이다. 이는 불확정적이며 가정적인 피해다. 또한 그 피해는 추정에 따른 것이다. 앞에서도 설명한 바와 같이 밀은 "불확정적이거나 추정적인 피해 때문에 발생하는 불편은 자유라는 더 큰 목적을 위해 감수할 수밖에 없다"고

밝혔다.

다만 그는 『자유론』에서 도덕에 많은 분량을 할애하고 있다.

인류가 이런 상태에 이를 수 있었던 것(인류의 생각과 행동이 지금처럼 놀라울 정도로 이성적인 방향으로 발전해올 수 있었던 것—저자 주)은 (…) 인간 정신의 한 특징 때문이다. 다시 말해 지적 또는 도덕적인 존재로서 인간이 보여주는 모든 자랑스러운 것들의 근원, 즉 자신의 잘못을 시정할 수 있는 능력 덕분에 이렇게 된 것이다.[8]

다른 사람의 이익과 감정에 적절한 수준의 관심을 보여야 하며 그러지 못하는 사람은 누구든 도덕적 비난을 받을 수 있다. 이런 배려는 강제적인 의무는 아니지만, 내키지 않는다고 하지 않아도 되는 것은 아니다.[9]

이와 같은 내용으로 판단해보건대, 밀은 로빈슨과 프라이데이에게 채집의 자유는 있지만, 자유와는 별개로 그들의 행동은 도덕적 칭찬이나 비난의 대상이 될 수 있다고 생각했을 것이다. 채집의 자유는 보장되어야 하지만, 제로

섬 사회에 살고 있다면 너무 많이 채집하는 것은 도덕적으로 비난의 대상이 될 수 있다는 것이다.

채집의 불공정성

무인도에서 채집의 자유를 허용할 경우 발생할 수 있는 첫 번째 문제는 채집이 불공정하게 이루어질 수 있다는 것이다. 채집의 불공정성을 다루기 위해 공정하다는 것의 의미부터 살펴보자.

영어에서 공정하다(fair)는 것은 사전적으로 '양쪽을 똑같이 대한다'는 것을 뜻한다. 그래서 편견이 없고, 한쪽 편을 들지 않으며, 정해진 규칙에 따르도록 하는 것을 공정한 것이라고 생각한다. 이러한 공정성의 개념을 무인도에 적용하면, 두 사람에게 채집할 기회를 똑같이 주고, 두 사람이 정해진 규칙에 따라 채집하도록 하는 것이 공정한 것이 된다. 미국이나 유럽에서 자주 사용하는 '공평한 경쟁여건' (level playing field)이라는 용어는 이러한 공정성의 개념을 잘 설명해준다. 여기서 형용사 'level'은, 예를 들면 축구경기를 할 때 경기장이 기울어 있으면 한쪽이 불리하기 때문에 수평을 맞춘다는 의미다.

무인도에서 이러한 '공평한 경쟁여건'이 보장되지 않는

그림 2 무인도에서 만난 로빈슨과 프라이데이

제로섬 사회인 무인도에서 채집의 자유가 허용될 경우 불공정하고
불평등한 일들이 발생할 수 있다.

경우는 얼마든지 있다. 먼저 특정인의 채집 기회를 제한할 수 있다. 피부색, 계급, 종교 등을 이유로 어떤 사람의 채집 기회를 제한하는 경우 등이 이에 속한다. 특정인에게 유리하게 채집이 이루어져도 두 사람의 채집이 공정할 수 없다. 예를 들어 사람마다 채집할 수 있는 구역을 달리 정해놓았는데, 구역에 따라 먹을 것의 양이 크게 다른 경우 등이 그러하다. 정해진 규칙에 따라 채집하지 않아도 채집이 공정할 수 없다. 예를 들어 야자열매를 딸 때 야자나무는 상하게 하지 않는다는 규칙을 만들어놓았는데, 한 사람이 이를 지키지 않는 경우 등이 여기에 해당한다.

이렇듯 '공평한 경쟁여건'이 만들어지지 않은 상황에서 채집의 자유를 허용할 경우, 누군가는 피해를 보게 된다. 이로 인해 갈등과 분쟁이 일어날 수도 있다.

그렇다면 '공평한 경쟁여건'으로서의 공정성을 충족시키는 것만으로 충분할까. 그렇지 않다.

우리말로 공정(公正)하다는 것은 '공평하고 올바르다'는 뜻이다. 공평하고 올바르다는 것을 설명하기는 쉽지 않지만 적어도 '공평한 경쟁여건'에 비해 훨씬 더 포괄적이라는 것만은 분명하다. 여기에는 한쪽 편을 들지 않는다는 의미는 물론, 평등과 정의의 의미까지 포함될 수 있기 때문이다. 영어의 fair도 원래는 매우 포괄적인 의미였던 것으로 보인다. fair의 어원인 'fæger'는 아름답다는 뜻인데, 아름답다는 것은 매우 포괄적인 의미를 담고 있다.

이러한 측면에서 보면, 채집이 공정하게 이루어지기 위해서는 채집의 기회를 동일하게 부여하고 주어진 규칙에 따라 채집 경쟁을 하는 것만으로는 부족하다. 채집의 결과도 올바르고 정의로우며 아름다워야 한다. 이는 운동경기를 할 때 모든 사람에게 공평한 기회를 주고 모두가 동일한 규칙을 따르도록 하는 것만으로 그 경기가 공정하다고 할 수 없는 데서 잘 드러난다. 예를 들어 격투기 경기에서 몸무게가 120킬로그램인 선수와 50킬로그램인 선수를 맞붙게 하면, 이는 올바르지도 않고, 아름답지도 않으며, 공정하지도 않다. 결과가 치명적일 수도 있다. 그래서 격투기는 공정성을 위해 체급별로 경기를 치른다.

무인도에서 채집의 자유는 이러한 의미의 공정성도 달성하기 어렵다. 로빈슨은 경험이 많고, 교육도 받았으며, 채집도구를 잘 만들어 활용할 수 있다. 무인도 생활을 시작한 지 20년이 넘어서 채집 경험도 풍부하다. 그러나 프라이데이는 미개한 원주민이다.[10] 이러한 상황에서 로빈슨과 프라이데이가 경쟁하면 로빈슨에게 일방적으로 유리할 수밖에 없다(그래서인지 소설 속에서 프라이데이는 로빈슨의 하인이 된다).

이것이 바로 무인도에서 자유가 비극이 될 수 있는 첫 번째 이유다.

피할 수 없는 불평등

무인도에서 채집의 자유가 야기하는 또 하나의 문제는 채집의 자유가 불평등한 결과를 낳는다는 점이다. 채집이 아주 공정하게 이루어지더라도 채집량에서는 불평등이 나타날 수 있다. 다시 말해서 경쟁여건이 공평하고, 두 사람의 신체조건과 힘, 교육수준이 같더라도 불평등이 나타날 수 있다. 심지어 두 사람의 채집기술이 완전히 같더라도 불평등이 나타날 수 있다.[11]

이를 간단히 설명하기 위해 이제부터 무인도에 있는 식량이 고구마와 야자열매뿐이라고 가정해보자. 이 같은 가정하에 경제이론을 바탕으로 두 사람의 채집활동에 영향을 주는 요인들을 설명하면 다음과 같다.

채집의 인센티브

먼저 고구마나 야자열매를 채집함으로써 얻어지는 만족

이 커질수록 채집할 인센티브는 증가한다. 여기에 영향을 주는 요소에는 두 가지가 있다.

첫째, 추가적으로 한 시간을 더 채집해서 얻을 수 있는 채집량이다(이를 한계 채집량이라고 한다). 이는 채집기술 또는 채집능력과 밀접한 관련이 있다. 키, 힘, 기술, 지식 등이 여기에 영향을 준다. 다른 조건이 같다면 채집량이 증가할수록 인센티브는 증가한다.

둘째, 추가적인 채집량에서 얻을 수 있는 물실석인 만족이다. 다른 조건이 같다면 추가적인 채집량에서 얻는 물질적 만족이 클수록 인센티브는 증가한다. 물질을 바라보는 시각에 따라 인센티브가 크게 달라진다는 것이다.

노동의 고통

채집에 쓰인 추가적인 한 시간 때문에 지불해야 하는 고통이 적어도 채집할 인센티브는 커진다. 추가적인 노동이 정신적으로나 육체적으로 힘들지 않아야 더 많이 일한다는 것이다.

이를 종합해보면, 고구마와 야자열매를 채집하는 시간은 그 사람의 ①채집기술 ②물질적 만족도 ③노동에 따른 고통에 영향을 받는다는 것을 알 수 있다. 이를 바탕으로

각 개인의 채집량을 비교하면 다음과 같다.

첫째, 그 사람의 채집기술이 좋을수록 채집량은 증가한다. 채집기술이 좋으면 추가적인 노동에서 얻을 수 있는 채집량도 많고, 이 때문에 채집도 더 많이 하려 할 것이기 때문이다. 둘째, 고구마나 야자열매에서 얻을 수 있는 물질적 만족도가 높을수록 채집량은 증가한다. 달리 말하면 물질적으로 욕심이 많을수록 채집량은 증가한다. 마지막으로 채집에 따르는 고통이 적을수록 채집량은 증가한다.[12]

이와는 반대로 어떤 사람의 채집기술이 나쁠수록, 고구마나 야자열매에서 얻을 수 있는 물질적인 만족도가 낮을수록, 채집에 따르는 고통이 클수록 채집량은 적어진다.[13]

물론 이와 같은 결과는 각자의 선택에 따른 것이다. 그렇기 때문에 채집량이 다르더라도 문제될 것이 없다고 주장하는 사람이 있을 수 있다. 그러나 먹을 것이 부족한 상황, 즉 결핍의 상황에서 불평등은 심각한 부작용을 낳을 수 있다. 먹을 것이 부족한 상황에서 한 사람이 많은 양을 채집해버리면, 다른 사람이 채집할 수 있는 양은 크게 감소할 수밖에 없기 때문이다.

욕망의 정의에서도 드러나듯이 먹을 것이 부족하면 인간의 불안은 커질 수밖에 없다. 이러한 불안 때문에 먹을 것을 채집하기 위한 경쟁도 심화될 가능성이 높다. 욕망을 채우기 위해 가능한 모든 수단을 동원하는 일도 벌어질 수 있다. 여기에는 폭력도 포함된다. 다른 사람이 선점한 것을 빼앗는 일도 생길 수 있다. 무인도가 힘이 지배하는 정글로 변할 수도 있다는 것이다. 더군다나 로빈슨과 프라이데이는 피를 나눈 가족도 아니지 않은가.

무인도에서 자유가 비극이 될 수 있는 두 번째 이유다.

자원의 고갈

채집의 자유를 허용할 때 발생할 수 있는 또 하나의 문제는 두 사람의 채집 경쟁으로 자원이 고갈될 수 있다는 점이다. 이러한 현상을 '공유자원의 비극'(tragedy of the commons)이라고 한다.

공유자원의 비극은 생물학자인 하딘(Garrett Hardin)이 1968년 자신의 논문에서 처음 사용한 용어다. 유한한 공유자원을 자유롭게 이용하도록 하면, 공유자원의 고갈이라는 비극적인 결말에 이르게 된다는 것이다. 하딘은 목초지를 공유할 경우, 목축을 하는 개인들에게 가축을 무한정 늘릴 인센티브가 생기고, 따라서 목초지의 풀은 결국 고갈될 수밖에 없다고 설명한다. 가축 한 마리를 늘릴 때 얻을 수 있는 이익은 모두 자신의 몫인 반면, 그때 발생하는 비용(풀이 줄어드는 데서 오는 피해)은 여러 사람이 나누어 지불하기 때문에 이기적인 개인들은 가축을 계속 늘리고 결국 목초지는 황폐해진다는 것이다.

목축이 아니더라도 공유자원의 비극은 얼마든지 일어날 수 있다. 무인도에 있는 고구마를 두 사람이 경쟁적으로 채집하면, 고구마의 씨가 마를 수 있다. 무인도에서 채집의 자유를 허용할 경우, 채집 경쟁 때문에 자원이 고갈되는 일이 벌어질 수 있다는 것이다.

무인도에서 자유가 비극이 될 수 있는 세 번째 이유다.

재미있는 사실은 하딘이 그의 논문에서 공유자원의 비극을 설명할 때 '공유자원에 있어서의 자유의 비극'(tragedy of freedom in a commons)이라는 표현을 사용했다는 점이다.[14] 엄밀하게 말하면 공유자원의 비극은 공유자원이 초래하는 비극이 아니라 자유가 초래하는 비극이라는 것이다.[15]

따라서 로빈슨과 프라이데이는 채집 경쟁으로 자원이 고갈되는 것을 막을 방법을 찾아야 한다. 여기에는 크게 두 가지 방법이 있다.

첫째, 공유자원을 사유화하는 방법이다. 역사적으로 보

더라도 공유자원이 사유화된 경우는 많았다. 신고전학파 경제학자들이 이러한 해결방법을 선호해온 것도 널리 알려진 사실이다. 그러나 공유자원의 사유화는 자원의 고갈 문제는 해결할 수 있을지 모르지만 다른 부작용을 낳을 수도 있다. 부의 불평등이 심화되고 이로 인한 폭력과 갈등이 발생하기 때문이다.

둘째, 채집을 제한하는 방법이다. 문제는 제한에 대해 사회적 합의를 하기가 쉽지 않다는 것이다. 채집 한노냥에 대한 두 사람의 주장이 다를 수 있다. 예를 들어 채집량을 전부 동일하게 제한하자고 주장할 수 있다. 채집량을 각자의 몸무게에 비례해서 제한하자고 주장할 수도 있다. 나이를 반영해서 채집량을 정하자고 주장할 수도 있다. 정의나 최선에 대한 기준이 다양한 만큼 모두가 동의하는 기준을 찾기란 매우 어렵다.

축복과 비극, 자유로운 거래의 두 얼굴

자유로운 거래가 주는 축복

로빈슨과 프라이데이가 채집한 것을 서로 거래할 수 있도록 허용하면 어떤 일이 벌어질까.

이를 알아보기 위해 먼저 거래나 교환이 발생하는 이유에 대해 생각해보자. 경제학의 아버지라 불리는 18세기 경제학자 스미스(Adam Smith)는 인간에게 다음과 같은 두 가지 공통적 욕구가 있다고 보았다.[16]

① 인간은 누구나 더 잘살고 싶어한다.
② 인간은 자기가 가진 것과 남의 것을 바꾸고 싶어 하는 공통의 성향이 있다.

이 두 가지 특성을 보면 거래(교환)는 인간의 속성상 자연적으로 발생할 수밖에 없음을 알 수 있다. '남의 떡이 커

보인다'는 우리 속담이 있다. 두 사람이 똑같은 떡을 갖고 있더라도 커보이는 남의 떡과 작게 보이는 자신의 떡을 바꾸고자 하는 것은 더 잘살고 싶어하는 인간으로서 자연스러운 일이다.

로빈슨과 프라이데이가 갖고 있는 것이 서로 다를 경우, 거래의 필요성은 더욱 증가한다. 예를 들어 로빈슨은 고구마를 많이 갖고 있고, 프라이데이는 야자열매를 많이 갖고 있다면, 로빈슨은 고구마의 일부를 프라이데이에게 주고 그 대가로 야자열매를 받고자 할 것이다. 거래를 통해 자신에게 없거나 적게 있는 것을 얻게 되면 만족도는 크게 높아질 수 있다.

경제이론도 로빈슨과 프라이데이 두 사람 모두 거래(교환)를 통해 이득을 얻는다고 설명한다. 에즈워드(Francis Edgeworth)는 교환을 통해 거래하는 두 사람 모두 이득을 얻을 수 있다는 것을 이론적으로 증명한 바 있다. 이와 같이 모든 사람이 이득을 얻는 것, 엄밀하게 말해 손해 보는 사람 없이 이득 보는 사람을 만들어내는 것을 경제학 용어로 파레토 개선(Pareto improvement)이라고 한다. 사실 이득을 기대할 수 없는 거래를 자발적으로 할 이유는 없다. 그렇기 때문에 거래는 거래 당사자 모두에게 이득을 가져다

그림 3 애덤 스미스의 초상화
스미스는 인간 본성으로 인해 거래가 자연스럽게 발생할
수밖에 없다고 설명한다.

줄 수밖에 없다.

무인도에서 거래의 자유로 얻을 수 있는 축복의 측면이다.

불공정한 거래

거래가 거래 당사자 모두에게 이득을 가져다준다면, 자발적으로 이루어지는 거래는 모두 괜찮다고 할 수 있을까? 이 질문에 대한 대답을 얻기 위해 거래(교환)의 조건에 대해 살펴보자

리카도(David Ricardo)는 투하된 노동의 양이 교환가치를 결정한다고 주장했다. 다만 그의 주장은 실제 거래의 조건이 그렇다는 것이라기보다 그렇게 되어야 한다는 당위에 가깝다. 무인도에서 실제로 이루어지는 거래의 조건은 두 사람 간의 흥정(협상)을 통해 결정된다고 보는 것이 더 타당하다.

흥정을 통해 거래의 조건이 결정되면, 흥정의 결과는 공정하지 않을 수 있다. 흥정을 잘하는 사람이 있는 반면, 못하는 사람도 있기 때문이다. 이는 거래를 통해 많은 이득을 얻는 사람이 있는 반면, 매우 적은 이득을 얻는 사람도 있을 수밖에 없음을 의미한다.

우리가 사는 사회에서 거래는 대부분 시장에서 이루어

지고, 시장의 거래는 시장가격에서 이루어진다. 그리고 시장의 가격은 기본적으로 수요(demand)와 공급(supply)으로 결정된다. 수요가 공급에 비해 상대적으로 많은 재화는 가격이 비싸고, 공급이 수요에 비해 상대적으로 많은 재화는 가격이 싸게 결정된다. 요즘에는 상식으로 통하지만, 사실 스미스는 이를 잘 이해하지 못했던 것 같다. 그래서 나온 말이 '스미스의 역설'(Smith's paradox)이다. 스미스는 인간에게 필수적인 물의 가격은 영(0)에 가까우면서도 인간에게 필수적이지 않은 다이아몬드의 가격은 매우 비싼 이유를 이해하지 못했다.

시장에서 자신이 갖고 있는 재화의 가격이 어떤 이유에서든지 비싸게 결정되면, 그 사람은 거래를 통해 많은 이득을 얻게 된다. 반대로 자신이 갖고 있는 재화의 가격이 싸게 결정되면, 그 사람은 거래를 통해 적은 이득을 얻게 된다. 거래를 통해 거래하는 사람 모두 이득을 얻는 것은 사실이지만 얻는 이득의 크기는 크게 다를 수 있다는 것이다. 뒤집어 말하면, 자발적으로 이루어진 거래일지라도 공정하지 않을 수 있다는 것이다.

거래가 공정하기 위해서는 거래에 따른 이득을 거래 당사자끼리 공정하게 나누어 가져야 한다. 반대로 거래에 따른 이득을 한 사람이 거의 다 가져간다면 이는 공정하지 않은 거래가 된다. 최근 거래 당사자끼리 서로 비슷한 이득을 얻도록 하자는 움직임이 나타나고 있다. 공정무역(fair trade) 운동도 그 가운데 하나다. 공정무역 운동은 개도국에서 선진국으로 수출하는 상품에 공정한 가격을 지불하자는 사회운동이다. 기존의 국제무역 체계로는 세계의 가난을 해결하는 데 한계가 있다는 인식에서 출발한 이 운동은 개도국의 생산자가 만든 환경친화적 상품을 공정한 가격으로 구입함으로써 개도국이 가난을 극복하는 데 도움을 주려는 것이 목적이다.[17]

이와 같은 공정무역 개념을 확대해석하면 거래에 따른 이득을 거래 당사자끼리 골고루 나누어 갖는 것이 바람직하다는 주장도 타당해 보인다. 이 책의 마지막 장에서는 공정무역의 개념을 개도국과 선진국 간에만 적용할 필요는 없으며, 모든 거래에 적용할 수 있는 개념으로 발전할 수 있다고 자세히 설명한다.

거래의 불공정성과 관련해 사람들의 인식을 분석한 최근의 실험경제학 결과들은 매우 흥미롭다.[18] 그 가운데 가장 유명한 실험이 최후통첩 게임(ultimatum game)이다. 최후통첩 게임을 간단히 설명하면 다음과 같다.

사례 1: 최후통첩 게임 최후통첩 게임은 주어진 금액(여기서는 100원)의 돈을 A와 B가 나누는 게임이다. 두 사람 가운데 A는 제안자(proposer)다. A는 두 사람이 나누어 가질 금액을 제안한다. 예를 들어 A가 B에게 X원을 제안하는 것은 'B가 X원을 갖고 나머지(100-X원)는 자신(A)이 갖겠다'는 것을 뜻한다.

B는 A의 제안에 응답하는 응답자(responder)다. B에게는 A가 제시한 제안을 받아들이거나 거절하는 두 가지 선택밖에 없다. 다시 말하면 A의 제안은 최후통첩이며, B는 이것을 받아들이거나 거절하는 선택만 할 수 있다. A의 제안을 B가 받아들이면 두 사람은 A가 제안한 대로 100원을 나누어 갖는다. 만약 B가 제안을 거절하면 두 사람은 모두 0원을 받게 된다.

경제이론이 예측하는 최후통첩 게임의 결과는 다음과 같다.

"먼저 제안하는 A는 B에게 매우 적은 금액(ε>0)을 제안할 것이고, B는 이 금액을 받아들이게 될 것이다."

이를 경제이론에서는 균형이라고도 한다. 이러한 결과를 예측하는 이유는 경제학에서 가정하는 개인이 자기 자신에게만 관심을 두는 이기적인 개인이기 때문이다. 이기적인 개인 B는 A가 자신에게 제안한 금액이 어떤 금액이든지 자신의 몫(ε)이 양(+)의 금액이기만 하면 이를 거절하는 것보다 받아들이는 것이 낫다. 거절하면 0원을 받고 받아들이면 ε원을 받기 때문이다. 이를 알고 A는 B에게 매우 낮은 금액(ε)을 제시한다는 것이 이론적인 설명이다.

그러나 실제로 이런 실험을 해보면, 그 결과는 이론과 매우 다르게 나온다. 실험에 따라 결과에 조금씩 차이가 있지만, 일반적으로 응답자의 몫이 20원 이하인 경우 40~60퍼센트의 사람들이 제안자의 제안을 거절했다고 한다. 응답자가 이기적이라면, 그래서 자신의 몫만을 생각한다면, 자신에게 양(+)의 금액을 제시하는 한 그 제안을 거절해서는 안 된다. 그런데 이론과 달리 실제로는 40~60퍼센트의 사람들이 제안자의 제안을 거절한다는 것이다. 그렇다면 그 사람들은 자신의 몫에만 관심을 두는 것이 아니라고 볼 수밖에 없다. 이에 대해 학자들은 의사를 결정할 때 응답자가 공정성이나 상대적 박탈감을 고려하는 것으로 해석한다.[19]

실제로 사람들이 느끼는 만족도는 자신의 소득에만 의존하지 않는다. 다른 사람들의 소득 크기에도 영향을 받는다. 자기 자신만을 상관하지 않는다는 의미에서 사람들은 이기적이지 않다. 거래를 통해 자신이 이득을 얻었다고 거래에 만족한다는 보장은 없다. 질투심 때문에 다른 사람이 나보다 더 많은 이득을 얻는 것을 참지 못할 수도 있다. 공정성 논란으로 거래가 제대로 이루어지지 않을 수도 있다.

불공정한 거래에 대해 원한이 쌓일 수도 있다.

무인도에서 자유가 비극이 될 수 있는 네 번째 이유다.

정보의 차이가 초래하는 비극

거래를 통해 이득을 얻을 수 없다면 거래를 하지 않으면 그만이다. 정말로 거래에 불만이 있으면 거래를 하지 않으면 그만이다. 거래가 불공정하다고 생각해도, 즉 두 사람이 얻는 이득의 차이가 심하다고 생각해도 거래를 하지 않으면 그만이다. 이러한 차원에서 보면 거래를 통해 손해를 보거나 만족도가 감소하는 사람은 적어도 이론상으로는 존재하지 않아야 한다. 그렇다면 이득을 보지 않는 거래는 하지 않을 것이기 때문에 거래를 통해 거래 당사자가 모두 항상 이득을 얻게 된다는 주장은 현실에서도 옳을까?

고구마와 야자열매의 사례를 보자. 어느 날 아침 로빈슨은 오후에 더워질 것이라 예상하고 목이 마를 때 마실 수 있는 야자열매를 얻기 위해 고구마를 주고 야자열매를 받았다. 반대로 프라이데이는 오후에 추워질 것이라 예상하고 구워 먹을 수 있는 고구마를 얻기 위해 야자열매를 주고 고구마를 받았다. 거래할 당시 두 사람은 각자의 기대와 예상을 바탕으로 이득을 얻기 위해 자발적으로 거래한 것이다.

그러나 기대와 현실은 다르다. 이득을 기대하고 거래했지만 실제로 손해 보는 경우는 무수히 많다. 그 대표적인 원인으로 정보의 차이를 들 수 있다. 예를 들면 프라이데이와 달리 로빈슨의 정보는 단순한 추측이 아니라 합리적인 근거를 가진 것일 수 있다. 로빈슨에게 일기예보와 관련된 특별한 능력이 있을 수도 있다. 이 경우 거래를 통해 프라이데이는 손해를 보고 로빈슨은 이득을 얻게 된다.

주식시장에서도 정보를 가진 자가 큰 돈을 번다. 그 정보가 기업의 내부정보일 경우는 더욱 그렇다. 반대로 정보를 갖지 못한 사람은 거래를 통해서 일반적으로 손해를 보게 된다. 개미 투자자들이 주식시장에서 돈을 벌 수 없는 것도 이 때문이다. 부동산도 마찬가지다. 개발에 관한 정보를 가진 사람들이 큰돈을 버는 시스템이다. 반대로 잘못된 정보를 갖고 부동산에 투자한 사람들은 대개 큰 손해를 본다.

주식과 부동산에서 얻는 소득을 불로소득이라고 한다. 이러한 불로소득은 정보의 차이에서 발생하는 경우가 많다. 그렇기 때문에 우월한 정보를 사용해 주식과 부동산에서 벌어들이는 소득은 정당하지 않을 수 있다. 정보를 어떻게 얻었느냐도 문제가 될 수 있다. 불법적으로 획득한 정보를 통해 이득을 얻는 경우는 얼마든지 있다. 부동산 개발정

그림 4 금융거래가 발생하는 주식시장

주식시장에서 정보를 가진 사람은 돈을 벌지만 그렇지 못한 사람은
손해를 보게 되어 있다.

보는 대부분 유출되어서는 안 되는 정보다. 중요한 기업의 내부정보도 대개 유출되어서는 안 되는 정보다.

여기서 말하는 정보의 차이는 최근 많이 지적되는 정보 격차(digital divide)를 포함한다. 정보격차는 컴퓨터나 인터넷 등 정보기술에 대한 접근능력의 차이 때문에 발생하는 정보의 차이를 의미하는데, 이는 경제적 능력의 차이에서 비롯되는 경우가 많다. 정보격차는 또 다른 불평등을 야기하여 불평등의 악순환을 초래할 가능싱이 높다.

이뿐만이 아니다. 거래되는 재화의 품질이나 특성에 관해서도 두 사람이 가진 정보에 차이가 있을 수 있다. 이러한 상황에서 정보가 없는 사람은 거래를 통해 손해를 보게 되는데 이를 경제학에서는 역선택(adverse selection)이라고 한다.

결론적으로 말해서 정보의 차이가 존재하는 경우, 거래가 거래 당사자 모두에게 이득을 주지 않을 수도 있다. 거래를 통해 큰 손해를 보는 사람이 있을 수 있다는 것이다. **무인도에서 자유가 비극이 될 수 있는 다섯 번째 이유다.**

금융거래는 괜찮은가

일반적인 거래의 자유와 마찬가지로 금융거래도 이론적으로는 거래 당사자 모두에게 이득을 가져다주어야 한다. 금융거래도 거래이기 때문이다. 예를 들어 돈을 빌리려는 사람이 정해진 이자 10만 원을 주고 100만 원을 1년간 빌린다고 가정해보자. 그가 이자까지 주고 100만 원을 빌리려는 이유는 지금의 100만 원이 1년 뒤의 110만 원(원금 100만 원+이자 10만 원)보다 그에게 더 좋기 때문이다. 돈을 빌려주는 사람은 그 반대다. 지금의 100만 원보다 1년 뒤의 110만 원이 더 좋기 때문에 돈을 빌려주는 것이다. 이런 차원에서 보면 일반적인 거래와 마찬가지로 금융거래를 통해서도 거래 당사자는 모두 이득을 얻을 수 있다.

그러나 금융거래, 특히 이자의 지급은 일반적인 거래와 다르다고 주장하는 사람들도 있다. 먼저 아리스토텔레스 (Aristoteles)는 재산의 증식은 가계를 잘 꾸리거나 거래를 통해서만 이루어져야 한다고 주장하면서, 이자를 받고 돈을 빌려주는 행위를 반대했다. 다음은 아리스토텔레스의 『정치학』(*Politics*)에 나오는 구절이다.

가장 혐오스러운 방법(재산 증식의 방법─저자 주)은 이자를 받고 돈을 빌려주는 행위다. 이자를 받는 것은 사물이 아닌 화폐에서 이윤을 얻는 것이다. 화폐는 교환을 위해 사용되어야지 이자를 받기 위해서 사용되어서는 안 된다. 이자는 화폐에서 화폐가 탄생하는 것과 같다. 즉 화폐가 새끼를 낳는 깃과 같다. 그러므로 이런 형태의 자산 증식(이자를 통한 자산 증식―저자 주)은 가장 부자연스러운 것이다.[20]

화폐가 화폐를 낳아서는 안 된다는 아리스토텔레스의 이러한 생각을 화폐불임설(貨幣不姙說)이라고도 한다.

이자를 금지해야 한다는 것이 아리스토텔레스만의 생각은 아니었다. 중세시대까지만 해도 사놀릭은 이자를 받는 행위를 죄악으로 여겼다. 이후 자본주의가 발전하면서 이자도 자연스러운 거래로 받아들여지기 시작했는데, 여기에는 이윤추구를 자연스럽게 받아들인 개신교의 역할이 컸다. 예를 들면 프랑스의 종교개혁가 칼뱅(Calvin)은 고리대금 같은 소비성 대출은 비난했지만, 생산에 사용되는 대출에는 이자를 허용해야 한다고 주장했다.[21]

이슬람 율법은 아직도 이자를 금지하고 있다. 『코란』에는 이자를 금지하는 구절이 열두 번이나 나온다고 한다.[22] 이자는 다른 사람의 재산을 부정하게 빼앗는 것이고, 생산적인 노력을 저해하는 불로소득일 뿐만 아니라 사람을 타락시킨다는 것이다.

그렇지만 이자를 금지하는 것은 자유를 지나치게 제한

하는 것임이 틀림없다. 이자를 금지하는 것은 거래 당사자가 돈을 빌려주고 빌리는 행위를 통해 이득을 얻는 것을 막을 수 있기 때문이다. 그래서 이자를 금지하는 이슬람국가들에서조차 사실상 이자가 존재한다. 투자에 대한 배당의 형태로 받을 뿐이다. 이자의 긍정적인 면을 어느 누구도 부정하기는 어렵다.

이러한 관점에서 보면, 이자를 받는 것이 문제가 아니라 높은 금리를 받는 것이 문제일 수 있다. 매우 위급하고 현실적으로 다른 대안이 없는 상황에서 고금리로 돈을 빌리는 행위는 자발적인 것이 아닐 수 있다는 주장도 가능하다. 임금노동의 문제점을 비판한 구절이기는 하지만, 이러한 상황은 고드킨(Edwin Godkin)의 다음 말을 연상시킨다. 높은 이자를 주고 돈을 빌리는 것은 사실상 강요된 행위와 다름없다는 것이다.

내가 굶주림을 면하기 위해 어떤 일을 하기로 동의하는 것 또는 아내와 자식들을 굶주림에서 벗어나게 하기 위해 어떤 일을 하기로 동의하는 것(…)은 내 머리에 권총이 겨누어진 상태에서 어떤 일을 하기로 동의하는 것과 마찬가지로 강요된 동의다.[23]

이러한 측면에서 보면, 지나치게 높은 이자를 주고 돈을 융통하는 행위를 자발적이고 거래 당사자 모두에게 이득이 된다는 미명하에 아무런 제한 없이 허용할 경우 자유는 심각한 부작용을 낳을 수 있다. 거래에 따른 이득이 한쪽에만 지나치게 치우쳐 발생하기 때문이다.

지나치게 높은 이자를 주고 돈을 빌리거나 빌려주는 것을 허용할 경우, 형편이 어려워서 돈을 빌린 사람은 고금리의 부담 때문에 상황이 더 악화되는 악순환에 빠질 수밖에 없다. 무인도에서도 이는 마찬가지다.

무인도에서 자유가 비극이 될 수 있는 여섯 번째 이유다.

자유로운 소비와 저축

내 소비로 주변 사람이 불행하다면

다음으로 생각해볼 수 있는 자유에 관한 문제는 로빈슨과 프라이데이가 자신들의 고구마와 야자열매를 마음대로 소비할 수 있는지에 대한 것이다. 어떻게 보면 너무나 당연한 이야기를 왜 꺼내는지 의아해하는 독자도 있을 것이다. '내 것을 내가 먹는데 누가 뭐라고 하나?'고 생각하는 독자도 있을 것이다. 원론적으로는 맞는 말이다. 자기 것은 자기 마음대로 먹을 수 있어야 한다. 자유가 소중한 것도 이 때문이다. 자기 것을 자기 마음대로 먹을 수 없다면 채집의 자유와 거래의 자유도 의미가 크게 퇴색될 수밖에 없다.

그러나 문제가 그렇게 간단하지만은 않다. 현실에서 소비의 자유를 제한하는 경우는 얼마든지 있다. 마약 같은 재화는 아예 소비가 금지되어 있다. 담배, 술 같은 재화는 일부 연령층의 소비를 금지하고 있다. 담배나 술은 물론 일부

탄산음료나 과자처럼 몸에 안 좋은 영향을 끼치는 재화의 경우, 소비를 억제하기 위해 일부 장소에서는 판매를 제한하거나 세금을 부과하기도 한다.

이보다 더 중요한 사실은 여러 가지 이유로 한 사람의 소비가 다른 사람에게 영향을 줄 수 있다는 것이다. 첫째로 한 사람의 소비가 다른 사람의 소비에 영향을 주는 재화가 있다. 이러한 재화를 위치재(positional goods)라고 한다. 예를 들어 로빈슨이 고구마를 먹음으로써 프라이데이도 고구마를 먹고 싶게 하는 경우가 있다.[24] 같은 반 친구나 유명 연예인이 특정 브랜드의 옷을 입으면 다른 친구들도 그런 옷을 입고 싶어하는 경우도 마찬가지다.

둘째로 사람들은 소비에서도 소득에서처럼 상대적 박탈감을 느낄 수 있다. 앞에서 설명한 바와 같이 일부 사람은 자기 자신은 물론 다른 사람에게도 관심이 많다. 다른 사람들에게 관심을 갖는 것 자체가 오히려 문제라고 말할 수도 있지만, 다른 사람이 호화로운 소비를 한다는 것만으로 자신이 불행하다고 느끼는 사람들이 있는 것도 사실이다.

소비의 자유가 비극을 가져온다고 단정하기는 어렵지만, 이러한 상황이라면 자신의 만족만을 고려한 로빈슨의 선택은 사회적인 후생 차원에서 바람직하지 않다. 사회적으로는 자신의 만족은 물론 다른 구성원에게 미치는 효과까지 고려해 소비를 선택해야 최적의 상태가 된다. 자신의 소비 때문에 주위 사람들이 불행을 느낀다면, 자유가 소중하다 하더라도 소비의 자유를 조금은 절제하는 것이 바람직할 수 있다는 것이다.

저축은 미덕인가

사람들은 소비하고 남는 것을 저축한다. 저축의 자유가 소비의 자유와 밀접한 관계에 있는 것은 바로 이 때문이다. 저축과 관련해 경제학에서 자주 등장하는 흥미로운 질문이 있다.

'저축은 미덕인가?'

개별적으로 보면 저축은 부를 축적해 부자가 될 수 있는 지름길이다. 그래서 어른들은 저축이 미덕이라면서 아이들에게 저축하는 습관을 가르치려고 노력한다. 그러나 사람들이 저축을 미덕이라고 생각하고 저축을 많이 한다고 해서 그 결과가 항상 바람직하게 나타나지는 않는다.

먼저 모든 사람이 저축하기 위해 소비를 줄이게 되면 소비수요의 부족으로 경기가 침체될 수 있다. 모든 사람이 지갑을 닫으면 경기가 침체된다는 것이다. 이를 절약(저축)의 역설(Paradox of thrift)이라고 한다. 이러한 생각은 소비수요 부진에 따른 불황을 극복하기 위해 정부지출을 증대해야 한다는 케인스(John Maynard Keynes) 경제이론의 밑바탕이 되었다.

절약의 역설보다 더 중요한 문제는 한 사람의 저축이 다른 사람들에게 피해를 줄 수 있다는 점이다. 예를 들어 무인도에서 로빈슨이 저축(저장)을 하면, 이는 프라이데이에게 부정적인 영향을 줄 수 있다. 무인노에서 서축이 허용될 경우, 로빈슨은 더 나은 내일을 위하거나 불확실한 내일을 대비하기 위해 저축을 하려고 노력할 것인데, 이를 위해서는 고구마와 야자열매의 채집량을 늘릴 수밖에 없다. 그런데 제로섬 사회에서 로빈슨이 더 많이 채집하면 프라이데이가 채집할 수 있는 양은 감소하게 된다. 로빈슨이 저축함으로써 프라이데이의 채집량은 감소하게 되는 것이다. 이 때문에 심한 경우 프라이데이는 굶어 죽을 수도 있다.

무인도에서 자유가 비극이 될 수 있는 일곱 번째 이유다.

물론 저축이 없었다면 문명도 발전할 수 없었을 것이다. 도구, 기계, 자본 등도 저축이 있었기 때문에 가능했다. 따라서 비극을 초래할 가능성이 있다고 해서 저축을 부정적으로만 볼 수는 없다. 다만 사회적인 후생 차원에서 보면, 소비와 마찬가지로 저축의 경우도 자신의 만족만을 고려해 저축하는 로빈슨의 선택은 바람직하지 않다. 자신의 만족은 물론 다른 구성원에게 미치는 효과까지 고려하여 결정하는 것이 바람직하다는 것이다.

제2부에서 다룬 〈그림 1〉로 돌아가보자. 그림에서 가운데 있는 사람이 지나치게 저축을 많이 함으로써 주위에 있는 사람을 불행하게 한다면 그도 행복하기 어렵다. 적어도 동양인들은 대체적으로 그렇게 생각한다고 한다. 그렇다면 가운데 있는 사람은 자신을 위해서라도 저축을 적절한 수준으로 절제하는 것이 현명하다. '재산을 1만 석 이상 모으지 마라'는 경주 최 부잣집 가훈이 생각나는 대목이다.

비교우위론

거래의 자유를 인정하는 상황에서 로빈슨과 프라이데이는 고구마와 야자열매를 어떻게 채집하는 것이 좋을까. 사사 고구마와 야자열매를 가리지 않고 채집한 후 거래하는 것이 바람직할까. 아니면 한 사람은 고구마만 다른 한 사람은 야자열매만 채집한 후 거래하는 것이 바람직할까.

경제학자 리카도는 이와 관련해서 좋은 해답을 제공한 바 있다. 각자 상대적으로 잘 채집할 수 있는 것만 채집하고 이를 상대방과 교환함으로써 이득을 극대화할 수 있다는 것이 그의 설명이다. 이를 비교우위(comparative advantage)라고 한다. 예를 들어 로빈슨이 프라이데이에 비해 고구마를 상대적으로 더 잘 채집하면 고구마만 채집하고, 프라이데이가 로빈슨에 비해 야자열매를 상대적으로 더 잘 채집하면 야자열매만 채집해야 한다는 것이다. 이를 완전특화(complete specialization)라고 한다. 그 후 두 사람이 각자 갖고 있는 고구마와 야자열매를 교환함으로써 이득을 극대화할 수 있다는 것이 리카도의 비교우위론이다. 특화를 통한 거래에서 비롯되는 축복의 측면이다.

리카도의 비교우위론은 오랫동안 국제무역의 핵심이론으로 사용되어 왔다. 지금도 많은 국제무역론 교과서가 리카도의 비교우위론으로 시작한다고 해도 과언이 아니다. 그만큼 주류 경제학자들은 리카도의 비교우위론을 신봉하고 있다. 이에 따라 많은 경제학자가 각국은 비교우위에 있는 산업에 특화하는 것이 바람직하다고 주장해왔다.

하지만 최근 들어 리카도의 비교우위론이 맞지 않는 상황도 벌어질 수 있다는 것이 속속 드러나고 있다. 리카도의 비교우위론에 따라 비교우위에 있는 재화에 특화할 경우에 장기적으로 손해를 볼 수도 있다는 것이다. 비교적 짧은 기간 내에 비교우위가 변하거나 장기적으로 거래조건(가격)이 크게 변하는 경우가 이에 해당한다. 예를 들어 지금 당장은 야자열매 채집에 비교우위가 없는 로빈슨이지만 야자나무에 금방 익숙해져서 가까운 시일 내에 야자나무 채집에 비교우위가 생길 수도 있다. 고구마의 가격이 장기적으로 크게 하락하는 경우도 있을 수 있다. 이런 경우 당장 고구마 채집에 비교우위가 있다 해도 고구마만 채집하면 장기적으로는 손해를 볼 수 있다.[25]

한국을 예로 들면, 60년대 한국이 비교우위를 가졌던 품목은 중석, 오징어, 가발 등이었다. 만약 이 시절 한국이 리카도의 이론을 따랐다면 이들 품목을 생산하는 데 특화했어야 했다. 만약 그렇게 했다면 어떻게 되었을까. 당연히 오늘날과 같이 발전된 한국은 없었을 것이다.

5

무인도에서 자유가
비극이 될 수 있는 열두 가지 이유 Ⅱ

무인도에서 농경을 시작하다

제로섬을 넘어서

무인도에서 로빈슨과 프라이데이가 제로섬 상태들 벗어나는 방법은 없을까. 또 식량이 부족한 무인도에서 로빈슨과 프라이데이가 식량을 더 많이 확보하는 방법은 없을까. 이 두 가지 문제를 동시에 해결해주는 좋은 방법이 있다. 농경과 목축이다. 지금부터는 이 둘을 묶어서 농경이라고 부르고 그 사례를 중심으로 설명하려고 한다.

로빈슨은 고구마와 야자열매를 심고 기르고 수확함으로써 단순히 채집할 때보다 더 많은 고구마와 야자열매를 얻을 수 있다는 것을 알고 있다. 물론 프라이데이도 그와 같은 사실을 로빈슨에게 배울 수 있다. 따라서 로빈슨과 프라이데이에게 농경의 자유가 주어지면, 두 사람은 당연히 농경을 시작할 것이다. 그 결과 고구마와 야자열매 생산량은 크게 증가할 것이다.[1] 무인도에서 농경의 자유가 가져오는 축복의 측면이다.

그런데 채집과 농경의 차이가 단순한 생산량의 차이를 의미하는 것은 아니다. 채집의 경우, 무인도에 있는 고구마와 야자열매의 양이 한정되어 있기 때문에 로빈슨이 고구마를 채집한 만큼 프라이데이는 고구마를 채집하지 못하게 된다. 반면 농경의 경우, 무인도에 있는 고구마와 야자열매의 양이 고정되어 있지 않기 때문에 로빈슨이 생산량을 늘린다고 해서 프라이데이의 생산량이 줄어들지 않는다. 농경은 로빈슨과 프라이데이가 제로섬 사회에서 벗어나는 좋은 방법인 것이다.

농경의 자유와 불평등의 심화

자유롭게 농경함으로써 고구마와 야자열매 생산량이 크게 증가하면 로빈슨과 프라이데이의 만족 수준도 따라서 증가하게 될 것이다. 이는 농경의 자유로 인해 직접적으로 손해 보는 사람이 생기기 어렵다는 것을 의미한다.

다만 농경 때문에 생산성이 높아지면 절대적 불평등도 심화될 가능성이 매우 높아진다. 가령 농경으로 로빈슨과 프라이데이의 고구마 생산량이 이전에 비해 한 달 기준으로 열 배가 늘었다고 가정해보자. 로빈슨의 고구마 생산량은 한 달에 두 개에서 스무 개로, 프라이데이의 고구마 생산량은 한 달에 한 개에서 열 개로 증가하는 식이다. 이 경우, 로빈슨과 프라이데이가 생산한 고구마 생산량의 차이(절대적 수준의 차이)는 한 개(=2-1)에서 열 개(=20-10)로 증가하게 된다. 농경의 자유가 무인도에서 절대적 불평등을 심화시킬 가능성이 높다는 것이다.

풀기 어려운 문제: 외부효과

농경이 채집과 다른 점은 제로섬이 아니기 때문에 다른 사람에게 주는 영향이 채집보다 작다는 것이다. 그러나 이 경우에도 문제가 아주 없는 것은 아니다. 로빈슨이 농경함으로써 프라이데이에게 이득이나 손해를 줄 수 있기 때문이다. 예를 들어 로빈슨이 하천의 상류에서 농사를 지으면 하류에서 농사를 짓는 프라이데이는 물이 부족할 수도 있고 상류에서 오염물질을 흘려보내 프라이데이에게 피해를 줄 수도 있다. 경제학에서는 이를 외부효과 또는 외부성(externalities)이라고 한다.

로빈슨의 농경이 상대방에게 이득을 준다면 별 문제가 되지 않겠지만 손해를 준다면 어떻게 해야 할까? 이 경우에도 농경의 자유를 허용해야 할까? 이 문제는 간단치 않다. 농경을 위해서는 물을 사용해야 하는데 물이 부족한 상황에서 로빈슨이 물을 맘껏 사용하면 안 될 수도 있기 때문이다.

일부 경제학자들은 외부효과는 큰 문제가 안 된다고 주장한다. 미국 시카고 대학을 중심으로 한 시카고학파의 경제학자 코즈(Ronald Coase)가 대표적이다. 그는 외부효과의 문제를 당사자들이 해결할 수 있다고 보았다. 다만 몇 가지 전제조건이 있다. 첫째, 당사자 간 권리관계가 명확하고, 둘째, 상대방에게 주는 피해가 명확하며, 셋째, 협상비용이 적으면 된다는 것이다.

그의 주장이 사실이라 하더라도 이런 조건들을 갖추기는 쉽지 않다. 먼저 권리관계를 살펴보면 물의 소유권부터 문제가 간단하지 않다. 앞에서도 설명한 바와 같이 소유권을 부여하는 방법에는 일반적으로 두 가지가 있다. 선점한 사람에게 소유권을 부여하는 방법과 노동을 제공한 사람에게 소유권을 부여하는 방법이다. 그러나 물은 노동의 결과물이 아니다. 따라서 물은 노동의 결과물로써는 누구의 소유도 될 수 없다. 그렇다고 선점을 소유권의 기준으로 삼아도 소유권 문제는 해결되지 않는다. 어제 로빈슨이 물을 선점했더라도 내일은 달라질 수 있다. 물은 계속 흐르기 때

문이다. 두 사람 간의 물 쟁탈전은 끝나지 않을 것이다.[2]

외부효과가 있을 때, 누가 자유를 가져야 하는지에 대한 문제는 영원한 숙제로 남는다. 이는 흡연권과 유사하다. 흡연할 자유가 있는지 아니면 깨끗한 공기를 마실 자유가 있는지에 대한 문제는 여전히 논쟁 중이다. 오늘날 대세는 깨끗한 공기를 마시는 쪽으로 흐르고 있지만 이는 과거에 비해 더 많은 사람이 그러한 의견에 동의하게 되었음을 나타낼 뿐이지 모든 사람이 동의한다는 것은 아니다.

다른 생명들의 불행

농경의 자유가 초래하는 문제 가운데 하나는 자유가 다른 생명에게 커다란 불행을 가져올 수 있다는 점이다.

앞서 살펴봤듯이 목축의 자유는 자원의 고갈을 야기할 수 있다. 하딘의 예에서와 같이 로빈슨과 프라이데이가 공유지에서 가축을 기를 경우, 그들에게는 각자 자신의 가축을 무한정 늘릴 인센티브가 생기고, 결국 목초지의 풀은 고갈된다. 목축으로 공유자원의 비극이 발생할 수 있다는 것이다. 다만 공유자원의 비극은 채집경제에서도 나타날 수 있다는 점에서 농경사회에서 새로이 나타난 현상은 아니다.

중요한 점은 농경의 자유가 초래하는 비극이 단순히 자

원의 고갈 문제로 끝나지 않는다는 것이다. 농경의 자유가 초래하는 더 큰 비극은 농경하기 위해 농경지를 새롭게 마련해야 한다는 것과 관련이 있다. 농경지를 마련하기 위해서는 숲을 농경지로 바꾸어야 하는데 그 과정에서 자연을 훼손할 수밖에 없다. 자연을 훼손한다는 것은 나무나 풀을 단순히 제거한다는 것이 아니다. 그곳에 사는 많은 생명이 터전을 잃는다는 것을 의미한다. 농경의 자유가 나무나 풀에서 살고 있던 다른 동물들의 자유를 빼앗는 것이다. 목축도 마찬가지다. 목축을 위해서는 목초지가 필요하고 목초지를 마련하려면 숲을 불태워야 한다.

지금도 인간들은 팜유(Palm oil)를 생산하기 위한 농장을 짓기 위해 열대우림 지역의 밀림을 파괴하고 있다. 콩 농사를 짓기 위해 숲을 불태우기도 한다. 하루에 파괴되는 열대우림이 8만 에이커(약 324제곱킬로미터)에 달한다고 한다. 여의도 면적의 38배다.[3]

로빈슨과 프라이데이가 누리는 농경의 자유는 다른 생명들의 자유를 빼앗는 결과를 가져올 수 있다. 인간의 자유가 다른 생명들에게는 비극이 될 수 있다는 것이다.

무인도에서 자유가 비극이 될 수 있는 여덟 번째 이유다.

인간은 그토록 넓은 숲과 생명이 사라지는 것 자체를 우려하기보다 지구온난화, 기후변화 등 그 피해가 부메랑이 되어 인간에게 돌아오는 것만을 우려하고 있다. 이는 본말이 전도된 것이다.

심지어 인간은 단순한 목축에 만족하지 않고 생산량을 늘리기 위해 다양한 방법을 강구해왔다. 동물을 자연에서 키우기보다는 공장에서 사육하고, 자연의 음식 대신 인공 사료를 먹인다. 심지어 비용 절감을 위해 비좁은 공간과 불결한 환경에서 동물을 사육하기도 한다. 강제로 물을 먹이거나 잠을 잘 재우지 않거나 공포감을 느끼게 하는 등 동물을 학대하는 경우도 종종 발생하고 있다.

최근 동물을 인도적으로 사육하자는 운동과 함께 동물복지 개념과 인증제도가 도입되었다고 한다. 뒤늦게나마 동물복지에 관심을 두게 된 것은 불행 중 다행이지만 과연 이런 제도만으로 충분하다고 할 수 있을까.

로빈슨과 프라이데이의 딜레마

그렇다면 농경 때문에 심화되는 불평등과 자연 파괴를 막기 위해 농경의 자유를 제한해야 할까.

로빈슨과 프라이데이 스스로 농경을 제한하거나 금지하

여 사회적 불평등을 줄이고 자연을 보호하는 것이 바람직하다고 생각할 수 있다. 두 사람이 실제로 그런 선택을 할 수도 있다. 그러나 문제는 그러한 선택의 결과가 두 사람에게 그리 호의적이지 않을 수 있다는 점이다. 이것이 로빈슨과 프라이데이의 딜레마다.

예를 들어 사회적 불평등이 심화되는 것을 방지하기 위해 두 사람이 농경을 금지하는 선택을 했다고 가정해보자. 두 사람은 이러한 선택에 당장은 만족하고 행복해할 수 있다. 실제로 그러한 삶을 영위하는 사람들이 지구상에 일부 남아 있기도 하다. 그러나 세상에는 무인도만 있는 것이 아니다. 로빈슨과 프라이데이는 언젠가 외부인을 만날 것이다. 그리고 외부인들은 로빈슨과 프라이데이처럼 생각하지 않을 가능성이 높다. 그들은 물질적 풍요를 중시하고 이를 위해 평등보다는 자유를 우선시할 수도 있다. 그렇다면 외부인들은 틀림없이 농경의 자유를 선택할 것이다.

실제로 지구상 대부분 지역의 사람들은 농경을 선택했다. 아마존, 북극지방 등 극히 일부 지역에서만 아직까지 채집을 통해 삶을 꾸려나갈 뿐이다. 농경을 하는 지역의 생산은 크게 늘어날 것이고, 시간이 지남에 따라 무인도와의 경제적 격차는 더 크게 벌어질 것이다. 로빈슨과 프라이데이가 대내적인 불평등을 줄이는 데는 성공할지 몰라도 장기적으로 다른 지역과의 대외적인 불평등은 더욱 심화될 수밖에 없다. 그러한 외부인이 무인도에 나타났을 때 발생할 결과는 뻔하다. 드니로(Robert De Niro) 주연의 영화 「미션」(The Mission)에 나오는 남미 원주민 학살 같은 사건이 무인도에서 발생하지 않으리라는 보장은 없다.

로빈슨과 프라이데이가 자연 파괴를 방지하기 위해 농경 대신 채집을 선택해도 마찬가지다. 두 사람이 단기적으로 자연 훼손을 줄이는 데는 성공할지 모르지만 자연 보호에 관심이 없는 외부인들이 언젠가 무인도에 들어와 결국 자연을 훼손할 것이다. 그리고 로빈슨과 프라이데이에게는 이들을 막을 힘이 없을 것이다. 외부인들은 경제력을 바탕으로 결국 로빈슨과 프라이데이를 그들의 세계로 끌어들여 복종시킬 게 틀림없다.

무인도에서 자유가 비극이 될 수 있는 아홉 번째 이유다.

이는 자연을 파괴하지 않고 채집만으로 살아가고자 하는 사람들이 세상에서 도태될 가능성이 높다는 것을 보여준다. 자연의 관점에서 보면 자연을 파괴하고 농경을 택한 쪽이 나쁜 사람이다. 이는 '악화(惡貨)가 양화(良貨)를 구

축한다'는 그레셤의 법칙(Gresham's Law)이 인간에게도 적
용될 수 있음을 의미한다. 자연은 지금 인간을 향해 이렇게
소리치고 있는지도 모른다.

"악인(惡人)이 양인(良人)을 구축한다!"

토지 소유의 자유를 둘러싼 문제

무인도에서 해결해야 할 또 다른 문제는 토지에 대한 사
적 소유, 즉 소유의 자유를 허용할 것인지다. 토지의 사적
소유가 문제되는 것은 농경을 위해 토지를 독점적으로 점
유하려 하기 때문이지만 더 근본적으로는 어느 순간부터
인간이 토지에 대해서도 소유욕을 품게 되었기 때문이다.

토지는 전통적으로 왕이나 국가의 소유로 여겨졌고 일
반인들은 이를 그저 사용하는 것으로 이해해왔다. 유럽
의 경우 중세시대만 하더라도 토지는 영주(lord)의 소유였
으며 토지를 사용하는 사람은 영주에게 군역이나 세금 등
다양한 의무를 부담했다. 영주는 땅의 주인이었고 임차인
(tenant)은 보유(tenure)하거나 사용하는 사람이었던 것이다.
땅주인을 의미하는 'landlord'라는 단어도 '영주'를 의미하
는 'lord'에서 유래되었다. 이렇듯 땅은 보유하고 사용하는
대상일 뿐이었다.

우리나라도 비슷했다. 고려시대의 기본적인 토지제도는 전시과(田柴科)였다. 문무관료에게 월급을 주는 대신 땅을 나누어준 것인데, 문무관료는 농민이 그 땅에서 수확한 것의 일부를 세금의 형태로 받을 수 있었다. 문무관료에게 땅을 나누어준다는 것이 그 땅에서 농사지을(토지를 사용할) 권리를 준다는 것은 아니었다. 사적 소유를 허용한 것은 더더욱 아니었다. 그 땅의 소출 중 일부를 가질 수 있도록 한 것뿐이었다. 공음전 등 일부 토지를 제외한 대부분의 토지는 매매나 상속도 되지 않았다. 토지는 왕의 소유였고, 농민은 토지를 사용하는 사람이었으며, 문무관료는 농민에게서 수확의 일부를 받는 사람이었다. 조선 건국 초기까지도 이러한 제도가 유지되었다. 유가족에게 일부 지급하는 것을 제외하면 조선 초기의 토지제도였던 과전법하의 과전 역시 원칙적으로 국가의 소유였다.[4]

토지의 공유개념은 로크의 소유개념과 일맥상통한다. 앞에서 설명했듯이 사적 소유에 관한 철학적 근거를 처음으로 제시한 로크는 소유권을 노동에 근거한 것으로 이해했다. 그리고 그 바탕에는 '자신의 몸은 자신의 고유한 것'이라는 자기소유 사상이 있었다. 즉 공유물에 자기의 소유인 노동을 제공함으로써 그 대상에 대한 소유권이 발생한다는 의미로 소유권 개념을 이해한 것이다.[5] 이런 점에서 소유권은 자연권이 된다. 자기 소유에서 비롯되었기 때문이다. 이때 공유물이란 자연이 처음부터 공유상태에 있었기 때문에 존재하는 것이다. 즉 토지, 공기, 바다 등은 공유의 대상이지 사적 소유의 대상이 될 수 없다.

흥미로운 점은 이와 같은 로크의 사상이 아메리칸인디언의 사상과 비슷하다는 점이다. 다음은 왐파노아족 추장이었던 마사소이트의 말이다.

당신들이 말하는 재산이란 무엇입니까? 대지는 재산이 될 수 없습니다. 왜냐하면 대지는 우리의 어머니이고, 우리의 아이들, 짐승, 새, 물고기 그리고 모든 사람을 먹이기 때문입니다. 숲, 시냇물 그리고 대지 위의 모든 것은 우리 모두의 것이며 모두가 사용할 수 있는 것입니다. 어떻게 대지가 한 사람의 것이라 할 수 있습니까?[6]

'공유하는 대상을 사용할 뿐'이라는 토지 개념이 현재와 같은 소유 개념으로 바뀌기 시작한 것은 대체로 15세기 이후의 일이다. 서양의 경우 토지의 사유화는 인클로저 운동(enclosure movement)과 밀접한 관련이 있다. 영국에서 발생한 인클로저 운동은 개방경지나 공유지 또는 황무지를 산 울타리나 돌담으로 둘러놓고 사유지임을 명시해놓은 운동 이다. 15세기 말부터 시작된 제1차 인클로저 운동은 양털 값이 폭등하자 농경지를 양을 방목하는 목장으로 만들기 위해 시작됐고 19세기에 나타난 제2차 인클로저 운동은 곡 물가가 상승함에 따라 대농장을 경영하기 위해 이루어졌 다. 공유하던 경지가 본격적으로 사유화되기 시작한 것이 다. 그 과정에서 폭력이 동원되었음은 물론이다.

토지의 사유화가 영국과 미국을 중심으로 일어난 것을 두고, 이것의 기원을 『성경』에서 찾는 해석도 있다.[7] 다음 은 「창세기」 제1장 28절이다.

하나님이 그들에게 복을 주시며 하나님이 그들에게 이르시 되 생육하고 번성하여 땅에 충만하라, 땅을 정복하라(subdue it), 바다의 물고기와 하늘의 새와 땅에 움직이는 모든 생물을 다스리라 하시니라.

'정복하라'는 의미인 영어 'subdue'는 라틴어로 'subicite' 인데, 'subicite'에는 원래 '근처에 던지다' '놓다'라는 의미 를 가진다. '놓다'는 의미인 'subicite'가 영어로 번역되는 과정에서 '정복하다'라는 뜻인 'subdue'로 번역됨으로써 토지가 정복의 대상이 되었다는 것이다. 이러한 해석에 전적으로 동의하기는 어렵더라도 어느 정도 설득력은 있어 보인다.

우리나라의 경우, 토지의 사유화는 조선시대에 들어와 점차 진행되었다고 한다. 조선 초기 과전법하에서 토지는 기본적으로 사유의 대상이 아니었지만 토지에 대한 중앙의 관리능력이 부족해 지급된 토지가 점차 세습화되고 토지의 매매도 점차 활발해졌다는 것이다.[8]

영국과 미국은 물론 우리나라에서도 토지가 사유화되는 과정에서 많은 폭력과 불법이 행사되었다. 영국에서 지주들은 공유지에 울타리를 치고 폭력적으로 농민들을 쫓아냈다. 미국에서도 신대륙에 정착한 사람들은 인디언들의 땅을 폭력적으로 빼앗았다. 자유를 얻기 위해 미국에 도착한 사람들이 다른 사람들의 자유를 빼앗은 것이다. 우리나라에서도 많은 토지가 불법적인 방법으로 일부 양반의 손에 넘어갔다. 대표적인 사례가 전란에 발생한 불법적인 사유화였다. 토지대장이 소실되자 일부 양반은 부정한 방법으로 많은 토지를 자신들의 소유로 바꾸어놓았다.

토지를 둘러싼 이와 같은 폭력과 불법은 토지에 대한 권리가 복잡한 데서도 기인한다. 크리스트만(John Christman)은 재산에 대한 권리를 소유, 사용, 교환, 이득 획득, 양도, 소비, 변형, 파괴, 관리로 나눈다.[9] 이 가운데 소유, 사용, 이득 획득만 놓고 한번 생각해보자. 빵 같은 일반적인 소비재의 경우, 소유한 사람이 빵을 먹고 그에 따른 이득도 전부 얻는다. 반면 땅의 경우, 소유한 사람이 땅을 사용하지 않을 수도 있고 사용하는(경작하는) 사람이 모든 이득을 얻지 못할 수도 있다. 토지에 대한 권리가 매우 복잡하게 얽힐 수 있다는 것이다.

토지의 경우, 사적 소유의 근거도 확실하지 않다. 먼저 토지는 노동의 결과물이 아니다. 따라서 로크의 소유 개념에 따르면 토지는 어느 누구의 소유도 될 수 없다. 선점이 소유권의 기준일 때도 토지가 누구의 소유인지는 명확치 않다. 여러 사람이 자신의 소유권을 주장할 수 있기 때문이다. 처음 발견한 사람, 먼저 깃발을 꽂은 사람, 울타리를 친 사람, 농사를 짓거나 목축을 하는 사람 모두가 자신의 소유권을 주장할 수도 있다. 그렇기 때문에 토지의 소유권을 둘러싼 논란은 대화로 해결하기 어려우며, 많은 경우 폭력사태가 불거졌다.

실제로 인류역사상 많은 전쟁이 영토와 토지 소유권을

둘러싼 전쟁이었다. 아직까지 지구상에서 영토분쟁은 그치지 않고 있다. 무인도라고 예외일 수는 없다.

무인도에서 자유가 비극이 될 수 있는 열 번째 이유다.

이에 따라 사회적 불평등과 빈곤 문제의 핵심이 토지의 사적 소유에 있다는 주장도 나오고 있다. 대표적인 사람이 조지(Henry George)다. 그는 '사회가 발전함에 따라 토지사유제가 노동 계층의 노예화를 초래했고 또 반드시 초래하고 만다'고 주장하면서 정부가 지대(地代, rent)를 징수해야 한다고 역설했다.[10] 토지의 가치만큼 지대를 징수해야 한다는 의미에서 이를 토지가치세 또는 지대조세제라고 부른다.

그의 주장은 당시 많은 사람의 공감을 얻기도 했다. 토지의 사적 소유가 사회적 불평등을 심화시키고 있다는 것은 부정하기 어려운 사실이다.[11]

재미있는 사실은 한때 큰 인기를 끌었던 '모노폴리'라는 게임이 조지와 관련 있다는 점이다. 필립스(Elizabeth Phillips)가 1903년 이 게임을 처음 개발했는데, 조지의 이론을 증명하기 위해서였다고 한다. 이 게임은 한 명의 경기자만 남고 나머지 경기자가 전부 파산하게 되면 끝난다. 토지독점으로 결국 극소수의 토지소유주만 남고 대다수의 사람은 파산하거나 빈곤 상태를 면할 수 없다는 것을 보여주고 싶었다는 것이다. 지금은 수정된 버전으로 판매되고 있으며, 우리나라에서는 '부루마블'이라는 이름으로 판매되고 있다.

또 다른 사유화의 움직임들

공유자원 쟁탈전은 토지에만 그치지 않는다. 지금도 곳곳에서 공유자원을 둘러싼 쟁딜진이 벌이지고 있다. 무인도라고 예외는 아니다.

세계 각국은 바다에 대한 배타적 권리를 점차 확대해나가고 있다. 20세기 초까지만 해도 국가가 영유권을 행사할 수 있는 영해(領海)는 3해리설에 따라 설정되었다. 그러던 것이 바다를 접하고 있는 국가들의 주장으로 1982년 영해의 범위를 12해리로 하는 유엔해양법협약(United Nations Convention on the Law of the Sea)이 채택되었다.[12]

바다에 대한 권리 행사는 여기서 그치지 않는다. 유엔해양법협약에 근거해 각국은 ① 어업자원 및 해저 광물자원 ② 해수와 풍수를 이용한 에너지 생산권 ③ 에너지 탐사권 ④ 해양과학 조사 및 관할권 ⑤ 해양환경 보호에 관한 관할권 등에 대해 배타적 권리를 행사하는 배타적 경제수

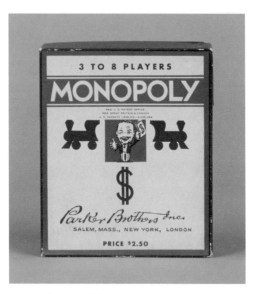

그림1 초기 모노폴리 게임의 표지

토지독점으로 많은 사람이 파산하거나 빈곤해진다는 것을
보여주기 위해 개발된 게임이다.

역(exclusive economic zone)을 추가적으로 선포하고 있다. 우리나라 역시 1995년 200해리의 배타적 경제수역을 선포한 바 있다.

바다를 둘러싼 쟁탈전은 민간 차원에서도 진행되고 있다. 바다를 사유화하려는 움직임이 그 하나다. 특정 지역에 자리 잡은 어촌계는 자신들의 어업권을 주장하며 새로이 사업하려는 사람들의 진출을 막고 있다. 특정 지역의 바다를 (불법적 또는 합법적으로) 차지해 관광객에게 독점적인 서비스를 제공하기도 한다. 해수욕장으로 가는 길을 막아 사유화된 해변을 만들기도 한다. 강도 마찬가지다. 계곡을 독점하다시피 하여 자릿세를 받는 경우도 흔히 볼 수 있다.

어떤 경우에는 자신이 만들지도 않은 식물에 대해 권리를 주장하기도 한다. 종자에 대한 품종보호권과 특허권 등이 그러하다. 새로운 품종을 개발한 사람에게 권리를 부여할 수는 있지만 그렇지 않은 경우에도 권리를 부여하고 있다는 것이 문제다. 예를 들면 미국의 종자회사 라이스텍은 인도의 토종 쌀 '바스마티'에 대해 특허를 추진해 1997년 품종에 대한 소유권을 취득했다. 수천 년간 인도에서 재배한 쌀 종자가 한순간 미국 기업의 소유로 된 것이다. 다행히도 인도 정부가 나서서 이 특허는 무효화되었다.[13]

우리나라의 경우, 청양고추 등 일부 종자에 대한 특허권은 현재 미국 몬산토사가 가지고 있다고 한다.[14] 이와 같은 일을 방지하기 위해 2014년 나고야 의정서가 발효되었지만 종자를 사유화하려는 움직임은 지금도 계속 시도되고 있다.

이뿐만 아니다. 유명인사와 이름이 같은 사람은 자신의 이름도 마음대로 쓰지 못하는 시대가 되었다. 이름까지 사유화되고 있는 것이다. 미국에서 시작된 유명인의 퍼블리시티권(right of publicity)은 그 사람의 초상(그림이나 사진 등)은 물론 그 사람의 이름에 대해서까지 권리를 부여하고 있다. 이러한 상황에서 나와 이름이 같은 유명인사가 없길 바랄 뿐이다. 퍼블리시티권이 어느 영역까지 확대될지 궁금하다.

로빈슨이 기업을 만든다면

고용의 자유가 갖는 함정

'기업의 자유'에 대해 생각해보자. 1인 기업도 있기만 통상적인 의미의 기업은 근로자를 고용한다는 점에서 '기업의 자유'는 근로자를 '고용할 자유'를 포함한다. 로빈슨이 기업을 만들어 프라이데이를 고용할 수 있는 자유다. 물론 프라이데이가 로빈슨을 고용하는 경우도 생각해볼 수 있다. 여기서는 프라이데이가 스스로 농경하지 않고 로빈슨이 만든 농경기업의 임금노동자가 되는 선택을 했다고 생각해보자.

프라이데이는 왜 그런 선택을 했을까. 여러 가지 가능성이 있을 수 있다. 첫째, 프라이데이는 농경에 대한 지식이 없기 때문에 스스로 농사짓지 못했을 수 있다. 다만 스스로 농사짓지 못하더라도 프라이데이는 임금노동 대신 채집을 선택할 수 있었다. 그런데도 채집 대신 임금노동을 택했다면 이는 채집보다 임금노동이 더 좋았기 때문일 것이다.

둘째, 로빈슨이 모든 땅을 자신의 소유라고 주장하여 프라이데이가 농사지을 땅을 아예 갖지 못했기 때문일 수도 있다. 이 경우, 프라이데이에게는 기업을 만들 수 있는 실질적인 자유가 없는 것과 같다.

그렇다면 로빈슨에게는 프라이데이를 고용할 자유가 있어야 하는가. 이와 관련해 꼭 짚고 넘어가야 할 역사가 있다. 바로 19세기에 벌어졌던 임금노동에 대한 논쟁이다. 당시 임금노동은 자발적인 선택이기 때문에 당연히 허용해야 한다는 주장과 임금노동은 노예노동과 같다는 주장이 치열하게 맞붙었다.

먼저 노동과 임금을 교환하는 것은 자발적인 선택이기 때문에 자유로운 것이라는 주장이 있다. 강제적이지 않은 상태에서 계약을 맺기 때문에 자유와 부합한다는 것이다.[15] 당시 북부의 제조업자들은 당연히 이러한 주장에 찬성했다.

반면 당시 노동운동가들은 임금노동자를 남부의 노예와 동일시했다. 임금노동자들이 가난한 처지에 있었을 뿐만 아니라 공화주의적 시민으로서 스스로 판단을 내릴 수 있는 경제적·정치적 독립을 얻기 어렵다는 게 이유였다. 공화주의자이자 노동운동가였던 브라운슨(Orestes Brownson)은 다음과 같이 말했다.

> 임금은 섬세한 양심을 가진 사람들이 노예주가 될 때 따라붙는 비용이나 수고 또는 반감 없이 노예제의 모든 이점을 계속 누릴 수 있게 해주는 악마의 교활한 장치다.[16]

임금노동을 노예제도보다 못한 것으로 평가했던 것이다. 당시 언론인이었던 고드킨도 임금노동의 문제점을 지적했다. 임금노동이 사실상 자발적이지 않다는 것이다. 금융거래의 자유를 설명하며 이미 언급한 구절이지만, 여기서 그의 주장을 다시 한번 인용해보자.

> 내가 굶주림을 면하기 위해 어떤 일을 하기로 동의하는 것 또는 아내와 자식들을 굶주림에서 벗어나게 하기 위해 어떤 일을 하기로 동의하는 것(…)은 내 머리에 권총이 겨누어진 상태에서 어떤 일을 하기로 동의하는 것과 마찬가지로 강요된 동의다.

흥미로운 점은 노예제도를 옹호하던 사람들도 임금노동

을 비판했다는 점이다. 노예제도를 옹호하던 피츠휴(George Fitzhugh)는 다음과 같이 말했다.

자유노동자는 일하든지 굶든지 하나를 택할 수밖에 없다. 그는 흑인보다도 더 노예다. 왜냐하면 그는 노예보다도 적은 대가를 얻기 위해 노예보다 더 길고 힘들게 일하고, 휴일도 없는 데다 사적인 볼일은 노동이 끝나야 비로소 시작되기 때문이다. (…) 자본은 노예주가 노예에게 가하는 것보다도 더 완전한 강제를 자유노동자에게 행한다.[17]

물론 노예제도를 옹호하던 사람들이 임금노동을 비판한 것은 노동운동가나 공화주의자와는 다른 이유에서였다. 노예제도를 유지하기 위해 임금노동을 비판함으로써 임금노동에 기반을 둔 북부 제조업자들을 비판하기 위한 것이었다.

임금노동에 대한 비판은 노동조합 운동으로 발전했다. 노동자들이 고용주와 동등한 입장에서 자유롭게 계약할 수 있도록 노동조합을 만들고자 했던 것이다. 그러나 이후 노동조합이 임금인상이나 근로조건 개선 등에 초점을 맞추면서 임금노동 자체에 대한 비판의 목소리는 점차 작아

졌다.[18] 자유방임적인 학계의 목소리와 법원의 판결도 이와 같은 움직임을 가속화했다. 그렇게 임금노동 자체를 비판하는 목소리는 사라졌고 임금노동은 자발적인 선택이기 때문에 자유로운 것이라는 목소리만 남게 되었다.

그러나 임금노동, 즉 고용의 자유에 대해 다시 한번 생각해볼 때가 되었다. 지금도 임금노동이 자발적인 선택이기 때문에 '고용할 자유'를 허용해야 한다고 주장하는 사람들이 있다. 그러나 이러한 근거만으로 고용할 자유를 무제한적으로 허용하기에는 부족한 점이 많아 보인다. 샌델이 『돈으로 살 수 없는 것들』(What you can't buy)에서 주장하고 있듯이 자발적인 계약 가운데서도 불법인 경우는 얼마든지 있다. 장기매매, 성매매, 마약매매, 암표매매 등이 그 예다.[19] 그래서 샌델을 포함한 공화주의자들은 자발적으로 계약이 이루어진 것만으로는 부족하며, 시민으로서 갖추어야 할 자질과 특성을 훼손하지 않는 범위 내에서만 계약(임금노동 포함)이 이루어져야 한다고 주장한다.

문제는 이러한 바람직한 계약이 실제로 이루어지기 어렵다는 점이다. 다시 말해 임금노동자가 시민으로서의 자질과 특성을 갖추기 위해 필요한 임금수준과 근로조건을 얻어내기란 쉬운 일이 아니다. 욕심 많고 이기적인 기업주가 존재하는 한 이것은 이상에 가깝다.

현실적인 측면에서 노예 같은 형편에 있는 임금노동자들을 선진국에서도 쉽게 찾아볼 수 있다. 심지어 극빈국의 어린이를 혹사시켜 생산비를 줄이려는 다국적 대기업도 있다. 이러한 상황에서 자발적인 선택이기 때문에 고용의 자유를 무제한적으로 허용해야 한다는 주장은 인간의 존엄성을 무시한 터무니없는 주장일 뿐이다.

자발적으로 이루어지는 임금노동이 노예노동보다도 못한 결과를 초래하는 이유는 장기 효과와 단기 효과가 다르기 때문이다. 단기적으로는 임금노동이 프라이데이의 만족수준(후생수준)을 높일 수 있지만 장기적으로는 그렇지 않을 수 있다. 임금노동을 오래 하다 보면 프라이데이는 채집하는 법을 잊어버릴 수 있다. 이 상태가 되면 로빈슨이 프라이데이에게 매우 나쁜 근로조건을 제시해도 프라이데이는 이를 거부할 방법이 없다. 그래서 나중에는 임금노동을 시작하기 이전, 즉 채집생활을 했던 시절보다 프라이데이의 만족수준이 낮아질 수 있다. 생존을 위해 할 줄 아는 것이 없어졌기 때문에 자연(채집)으로 돌아갈 수도 없다.

실제로 많은 직장인이 회사를 그만두고 귀농하는 꿈을 꾼다. 그러나 대부분 사람에게 귀농은 그저 꿈일 뿐이다.

농사는 아무나 짓는 것이 아니다. 그들이 농사지을 수 있는 땅도 이미 다른 사람들 손에 넘어가버렸다.

무인도에서 자유가 비극이 될 수 있는 열한 번째 이유다.

주식회사, 이대로 괜찮은가

주식회사는 1600년 영국에서 설립된 동인도회사 또는 1602년 네덜란드에서 설립된 동인도회사에서 시작되었다는 것이 일반적인 견해다. 잘 알려져 있듯이 주식회사는 자본주의 발전에 크게 이바지했다. 주식을 자유롭게 매매할 수 있다는 주식회사의 특징 때문이다. 자유롭게 주식을 매매하면서 투자금을 회수할 수 있기 때문에 이는 기업에 대한 투자를 활성화하는 데 크게 일조했다.[20]

주식회사의 특징 가운데 또 하나 중요한 것은 출자자(주주)가 출자한 금액 내에서 유한한 책임을 진다는 점이다. 이 같은 유한책임 제도도 자본주의 발전에 매우 중요한 역할을 했다. 책임을 유한하게 제한함으로써 출자자가 해상무역 같은 모험적인 사업에 뛰어드는 것을 가능하게 했기 때문이다.

그러나 학자들은 주식회사 제도에 여러 가지 문제점이 있다는 사실을 지적해왔다. 대주주의 도덕적 해이(moral

그림2 토마스 셰퍼드, 「동인도회사의 광경」, 1817년, 영국 도서관
동인도회사는 동인도 지역 무역에 대한 독점권을 통해 한때 세계
무역의 절반을 차지하기도 했다.

hazard)와 사적 이익의 편취, 경영인의 도덕적 해이 등이 그것이다. 이러한 문제점들에 더해 유한책임 제도 자체에서 발생하는 문제점도 드러나고 있다. 여기서 설명하려고 하는 것은 바로 이 부분이다.

주주의 책임을 출자금 이내로 제한한 것은 모험적 사업을 조장·육성할 필요가 있다는 명분하에 이루어졌다. 즉 모험적 사업을 하다 엄청난 손실이 발생하더라도 책임에 한계가 있으면 모험적 사업을 할 인센티브가 커지기 때문이다. 그러나 근본적인 이유는 그것이 당시 사업가와 군주의 이해관계에 딱 맞아떨어졌기 때문이었다. 당시 모험적 사업의 이익은 사업가와 군주가 나누어 가졌다. 그런데 엄청난 손실이 나더라도 군주는 손해 볼 이유가 없었다. 따라서 주주의 책임을 유한하게 제한하자는 사업가의 주장에 군주가 반대할 이유는 없었다.

문제는 유한책임 제도가 사업가와 군주의 이해관계에는 부합하지만 사회 전체적으로는 손해가 될 수 있다는 점이다. 주주가 얻을 수 있는 이익은 제한이 없지만 손실은 출자금액으로 제한된다. 따라서 주주는 실제 발생할 수 있는 전체 손실을 고려하여 의사결정을 하지 않는다. 손실 가운데 일부만 부담한다는 조건하에서 의사결정을 할 뿐이다.

그러다 보니 사회적으로 바람직한 수준보다 위험한 투자를 하게 된다. 이는 현재 우리나라에서 크게 문제되고 있는 대주주의 도덕적 해이나 경영진의 도덕적 해이와는 다르다. 유한책임에서 발생하는 또 다른 유형의 도덕적 해이인 것이다.

주식회사가 위험한 투자로 부도가 날 경우, 부도 비용 가운데 주식회사의 주주들이 부담하는 부분은 제한적이다. 나머지 대부분은 사회가 부담한다. 실제로 우리 주위에서 많은 주식회사가 문을 닫고 있다. 그리고 이들이 문 닫는 과정에서 수많은 사람이 피해를 입고 있다. 다니던 회사가 문을 닫아 갈 곳을 잃어버린 근로자들도 있다. 밀린 임금을 제대로 받지 못하기도 한다. 받아야 할 돈을 받지 못해 피해를 입는 거래처도 있다. 이와 유사하게 무인도에서 주식회사를 허용할 경우, 근로자인 프라이데이는 자신의 행위나 결정과는 아무런 상관도 없이 주식회사의 위험한 투자로 피해를 입을 수 있다.

무인도에서 자유가 비극이 될 수 있는 열두 번째 이유다.

그런데도 주식회사의 주주들은 유한책임이라는 명목하에 다른 사람들이 입은 피해를 외면하고 있다. 사실 주식회사의 주주들은 익명이라는 가면 속에 얼굴을 감추고 있다. 얼굴이 없으니 남들을 의식할 필요도 없다. 이러한 상황에서는 오로지 회사의 이윤과 배당만을 극대화하라고 요구할 가능성이 높다. 기업이 커다란 사회적 손실을 끼치더라도 일반 주주들은 자신이 투자한 금액 내에서만 책임질 뿐이다.

주식회사의 문제점은 여기서 그치지 않는다. 주식회사가 법인(juridical person)이기 때문에 발생하는 문제도 있다. 법인은 사람의 결합이나 특정한 재산에 대하여 자연인(natural person)과 마찬가지로 법률관계의 주체로서 지위를 인정한 것이다. 쉽게 말하면 법인도 자연인과 같은 권리와 의무를 가질 수 있다. 그러나 법인은 그 진화 과정에서 권리 행사에 대해서는 적극적이었지만 의무를 이행하는 데는 소홀했다.

자연인에게는 이웃이 어려우면 도와주어야 하는 도덕적 의무가 있다.[21] 사람들은 가정과 학교에서 도덕에 대해 교육받으며 자란다. 어려운 이웃을 도와주지 않으면 비난도 받는다. 그런데 법인의 경우 어려운 경쟁법인을 도와주어야 한다는 이야기를 들어본 적이 없다. 오히려 법인은 다른 경쟁법인들을 더 어렵게 함으로써 그들과의 경쟁에서 이길 것을 요구받고 있다. 그리고 사람들은 그것을 당연하다고 생각한다. 자연인은 아무리 정당한 대결이라 해도 다른 사람을 죽이거나 상해를 끼치면 처벌받는다. 그런데 법인은 경쟁기업을 죽여도 정당한 경쟁에 따른 것이면 어떤 처벌도 받지 않는다. 칭찬받을 뿐이다.

최근 기업의 사회적 책임(CSR)에 대한 논의가 진행되고 있다. 그나마 다행이다. 그러나 기업의 사회적 책임이라는 것도 소비자, 주주, 근로자 등 이해당사자들의 관심사를 중요하게 고려함으로써 기업 활동의 정당성을 확보하는 것에 가깝다. 장기적이고 지속가능한 이윤을 추구하기 위한 수단에 그치는 경우가 대부분이라는 것이다.

실제로 기업에 개인과 같은 수준의 도덕을 기대하는 사람은 없는 것 같다. 기업의 사회적 책임을 논할 때도 자연인과 비슷한 책임을 주장하는 사람은 거의 없다. 법인과 자연인 간의 이러한 차별이 어디에서 시작된 것인지 모르지만 법인이 자연인보다 우대를 받아야 할 이유는 없다.

6
자유와 민주주의

민주주의의 한계

민주주의란 무엇인가

민주주의는 한국 사회기 믿고 따르는 핵심 가치 가운데 하나다. 이는 우리나라 헌법에도 잘 나타난다. '민주'라는 단어는 헌법 전문에 여러 번 등장할 뿐만 아니라 '대한민국은 민주공화국이다'라고 규정한 헌법 제1조 제1항에도 등장한다.

그러나 민주주의가 무엇인지에 대해서는 많은 논란이 있어왔다. 민주주의란 무엇인지, 민주주의에 필수적인 원칙이 무엇인지에 대한 합의도 당연히 간단하지 않다.

사전적인 의미에서 민주주의는 '국민이 권력을 가지고 그 권력을 스스로 행사하는 제도 또는 그런 정치를 지향하는 사상'으로 정의되며, 기본적 인권, 자유권, 평등권, 다수결의 원리, 법치주의 등을 기본 원칙으로 한다. 스탠퍼드 대학의 다이아몬드(Larry Diamond) 교수는 민주주의의 필수요소로 다음 네 가지를 제시한다.

① 자유롭고 공정한 선거에 의해 정부를 선택할 수 있는 정치제도
② 정치와 시민생활에 대한 국민의 적극적 참여
③ 모든 국민의 인권보호
④ 법치주의, 즉 모든 국민에게 평등하게 적용되는 법과 규칙[1]

민주주의의 원칙으로 자주 거론되는 것 가운데 또 하나가 구성원 모두 참여하는 1인 1표 투표제도다. 구성원 모두가 참여한다는 것은 남자나 귀족 등 특정집단만이 아니라 말 그대로 구성원 전체가 참여한다는 의미다. 미국의 독립선언을 주도한 제퍼슨(Thomas Jefferson)은 특정집단만을 대상으로 한 투표제도가 아니라 국민이 모두 참여하는 투표제도를 주장했다. 제퍼슨은 이와 동시에 1인 1표 투표제도를 주장했는데, 이 제도는 모든 국민의 권리가 평등하다는 것을 보여준다. 제퍼슨이 이 두 가지를 결합한 '국민이 모두 참여하는 1인 1표 투표제도'를 주장한 이유는 그것이 의사결정권을 가장 잘 분산하는 방법이기 때문이었다. 제퍼슨에게 민주주의는 의사결정권의 분산을 의미했다.

다수결 원칙의 한계

1인 1표 투표제도와 함께 민주주의의 주요 원칙으로 받아들여지는 또 하나는 다수결의 원칙이다. 다수결의 원칙은 소수의 판단보다 다수의 판단이 더 합리적이라는 생각에서 출발한다.

그렇다고 다수결의 원칙이 완전한 것은 아니다. 예전에는 중우(衆愚)정치가 그 대표적인 문제로 꼽혔다. 중우정치는 어리석은 대중에 의해 정치가 잘못 이끌려가는 경우를 뜻한다. 플라톤은 이를 다수의 난폭한 폭민(暴民)이 이끄는 정치라는 의미에서 폭민정치라고 했고, 그의 제자 아리스토텔레스는 다수의 빈민(貧民)이 이끄는 빈민정치라고 했다.

오늘날 중우정치에 대한 우려는 크게 줄어들었다. 교육이 의무화되고 지식을 얻을 수 있는 매체도 다양해지면서 민중이 어리석다는 목소리는 거의 들리지 않는다. 오히려 민중이 정치가보다 더 현명해 보일 때도 많다. 여전히 선동적인 정치인은 있지만 그들의 선동이 일부 통하는 것은 민중의 가려운 곳을 긁어주는 경우일 것이다.

오늘날 민주주의의 한계는 다른 요인에서 비롯될 가능성이 더 크다. 여기서는 민주주의의 한계를 제1부에서 살펴본 밥상 형태의 결정 문제를 통해 살펴보려고 한다. 민주주의의 필수원칙인 다수결의 원칙이 이기심 때문에 바람직하지 않은 결과를 초래할 수 있다는 것이다.

제1부에서 밥상의 형태를 크게 자유형과 평등형으로 나누었다. 자유형은 음식을 밥상 가운데 놓고 자유롭게 식사하는 형태이고, 평등형은 음식을 개인에게 나눠주어서 자신의 음식만 먹는 형태였다. 여기서는 만약 밥상의 형태를 음식을 준비한 사람이 아니라 다수결로 정하면 어떻게 될지 다음의 사례를 통해 설명해보려고 한다.

사례 1 다섯 명의 가족이 있다. 이 가운데 세 명은 식사를 빨리 할 수 있고, 두 명은 식사를 빨리 하면 체하기 때문에 그럴 수 없다. 그 세 명은 나머지 두 명에 비해 식사를 두 배 빨리 할 수 있다. 다섯 명의 가족은 이기적이다. 밥상의 형태에는 자유형과 평등형이 있다. 다섯 명의 가족은 밥상의 형태를 민주적인 투표(다수결)로 정한다. 음식의 양은 매우 부족하다.

이 경우 식사를 빨리 할 수 있는 사람들은 당연히 더 많은 양을 먹을 수 있는 자유형을 선호할 것이다.[2] 그리고 식사를 빨리 할 수 있는 사람이 그렇지 않은 사람보다 더 많기 때문에, 투표 결과는 3 대 2로 자유형이 과반수를 얻을 것이다. 다수결의 방법으로 밥상의 형태를 정하면 자유형으로 결정된다는 것이다.

이 결과를 받아들일 수 있는가. 물론 이 질문에 대한 대답은 사람에 따라 다를 것이다. 논의를 간단하게 하기 위해 다섯 명의 특성이 비슷하다고 가정해보자.

자유지상주의적인 자유주의자들은 절차가 공정했으므로 그 결과를 받아들여야 한다고 주장할 것이다. 다시 말해 공정하게 진행된 투표의 결과이고 기회를 공정하게 주었으므로 그 결과를 그대로 받아들여야 한다고 주장할 것이다.

다른 주장을 하는 사람들도 있을 수 있다. 이들은 비록 민주적인 의사결정에 따른 것이지만 그 결과를 그대로 받아들이기 어렵다고 주장한다.

첫째, 자유형 밥상에서 식사를 빨리 할 수 없는 사람이 생존을 위해 필요한 만큼의 식사를 할 수 없게 된다면, 또 다른 유형의 자유주의자(평등주의적 자유주의자)들은 이러한 결과가 바람직하지 않다고 주장할 수 있다. 이들은 자유주의자이지만 존엄한 삶에 필요한 최소한의 조건은 보장되어야 한다고 믿기 때문이다.

둘째, 칸트라면 도덕적 이념을 거스르면서까지 자신의 이익에 따라 행동하는 것은 진정한 자유가 아니라고 말했을 것이다.

셋째, 샌델 같은 공화주의자들도 이와 같은 결과가 바람직하지 않다고 생각할 것이다. 가족구성원들이 자신들의 도덕적 의무를 다하지 않았고, 이러한 이기적인 선택으로 사회적 불평등이 나타났기 때문이다. 다른 사람도 아닌 가족들인데 자신이 조금 더 먹겠다고 다른 가족에게 피해를 주는 것은 도덕적으로 용납할 수 없다는 것이 그들의 생각이다.

마지막으로 결과의 평등을 주장하는 평등주의자들도 그 결과가 공평하지 않으므로 받아들일 수 없다고 주장할 것이다. 이들에게 자유형 밥상을 선택하는 것은 다수의 횡포일 뿐이다.

사례 1과 정반대의 경우도 생각해볼 수 있다. 다음 사례는 앞에 있는 사례와 구조는 거의 같지만 식사를 빨리 할 수 있는 사람과 그렇지 않은 사람들의 숫자를 바꾼 것이다.

사례 2 다섯 명의 가족이 있다. 이 가운데 두 명은 식사를 빨리 할 수 있고, 세 명은 식사를 빨리 하면 체하기 때문에 그럴 수 없다. 그 두 명은 나머지 세 명에 비해 식사를 두 배 빨리 할 수 있다. 다섯 명의 가족은 이기적이다. 밥상의 형태에는 자유형과 평등형이 있다. 다섯 명의 가족은 밥상의 형태를 민주적인 투표(다수결)로 정한다. 음식의 양은 매우 부족하다.

이 경우 다수결의 방법으로 밥상의 형태를 정하면 이전과는 반대로 평등형으로 결정될 것이다. 식사를 빨리 할 수 없는 사람이 그렇지 않은 사람보다 더 많기 때문이다.

그렇다면 이 결과는 받아들일 수 있는 결과일까 아니면 이 경우도 다수의 횡포일까. 민주적 방법으로 의사결정을 했고, 그 결과도 공평하므로 바람직하다고 할 수 있을까.

밀 같은 자유지상주의자들은 이 투표 결과에 근본적으로 불만을 가질 것으로 보인다. 그들은 자유가 수단이 아니라 목적 그 자체이기 때문에 밥상의 자유를 제한한 평등형 밥상은 바람직하지 않다고 주장할 것이다.

그러나 샌델 같은 공화주의자들은 이 투표 결과에 이의를 제기하지는 않을 것 같다. 평등형 배분이 불평등이 심한 자유형 배분보다 공익에 더 부합한다고 볼 가능성이 높기 때문이다.[3]

애덤 스미스는 틀렸다

애덤 스미스는 개인이 자신의 사적인 이익(만)을 추구하면 된다는 신념을 가지고 있었다. 나머지는 시장이 알아서 좋은 결과를 가져올 것이라고 생각했다. 이는 스미스의 다음 글에 잘 나타나 있다.

모든 개인은 공익을 증진하려고 의도하지도 않고 또한 그가 얼마나 공익에 기여하는지도 알지 못한다. (…) 그는 단지 자신의 이익만을 목표로 추구한다. 이 과정에서 그는 '보이지 않는 손'에 이끌려 그의 의도와는 아무런 상관없는 어떤 목적을 증진시킨다. 그의 의도가 이런 목적의 달성과 아무런 관계가 없는 것이었다고 하여 이로 인해 항상 사회가 손해를 보는 것도 아니다. 개인이 공익의 달성을 의도적으로 추구하는 경우보다도 그 자신의 사익을 추구함으로써 사회적 목적을 보다 더 효과적으로 증진시키는 경우가 흔하다. 나는 공익을 앞세우는 사람들이 좋은 일을 이루어놓은 것을 본 적이 없다.[4]

잘 알려져 있듯이 여기서 '보이지 않는 손'은 시장을 의미하는데 시장이 바람직한 결과를 가져올 것이라는 스미스의 믿음을 잘 나타낸 표현이다. 나는 이러한 스미스의 의견에 공감하지 않는 부분이 많다. 그런데도 나는 위의 글을 자주 인용한다. 특히 '나는 공익을 앞세우는 사람들이 좋은 일을 이루어놓은 것을 본 적이 없다'는 문장은 참으로 인상적이다. 공익을 앞세우는 사람들을 싫어하는 것은 나도 마찬가지다.

스미스의 주장과 달리, 시장이 실패할 수 있다는(즉 효율성을 달성하지 못할 수 있다는) 것은 여러 사례를 통해 이미 밝혀진 사실이다. 독과점이 있어도, 외부효과가 있어도, 공공재(public goods)[5]의 경우도 그리고 정보가 불완전해도 시장은 실패한다. 시장이 아닌 예이지만 범인의 딜레마(prisoner's dilemma) 게임만 보더라도 범인들의 이기적인 선택은 그들에게 안 좋은 결과를 초래한다. 각각의 범인들이 자기 자신의 이익만 생각해서 자백하면 결과적으로 모두에게 손해가 되기 때문이다.

공공재가 시장에서 적절하게 공급되지 않는 사례와 유사한 다음과 같은 실험결과도 있다.[6]

사례 3 실험은 네 명이 한 조를 이룬 상태에서 실행되었다. 참가자 네 명에게 각각 5달러씩 나누어준 다음, 받은 돈 가운데 일부를 자유롭게 기부하도록 했다. 참가자 네 명이 기부한 금액이 모이면, 이 금액의 두 배를 네 명에게 나누어 지급한다고 설명했다. 예를 들면 네 명이 기부한 금액의 합계가 10달러이면, 20달러를 각각 5달러씩 네 명에게 지급하는 식이다. 실험은 여러 조를 대상으로 했으며, 실험방법도 다양하게 이루어졌다. 어떤 조는 실험을 한 차례만 실행한 반면, 어떤 조는 여러 차례 실행했다. 이 실험들에서 참가자들은 얼마를 기부했을까?

이 실험은 참가자에게 자신이 받은 금액 가운데 일부를 기부할 수 있는 자유를 부여하고 기부금액에 따른 보상도 약속한다. 경제이론의 예측에 따르면, 실험 참가자는 기부하지 않는 것이 합리적이다. 자신이 기부한 금액의 절반밖에 자신에게 돌아오지 않기 때문이다(예를 들어 1달러를 기부하면 그 두 배인 2달러를 네 명이 나누어 갖기 때문에 결국 나의 몫은 0.5달러가 된다). 물론 모두 각각 5달러씩 기부했다면 20달러가 모여 20달러의 두 배인 40달러를 네 명이 나눠 각각 10달러씩 돌려받을 수 있다. 하지만 참가자들이 각자 이기적인 선택을 함으로써 최적의 결과를 얻어내지 못한다는 것이 경제이론의 예측이다.

실제 실험을 해보아도 최적의 결과를 얻지 못한 경우가 많았다. 한 번만 실험을 했을 때는 기부하지 않는 사람, 5달러를 기부한 사람, 그 중간 금액을 기부한 사람 등 다양한 사람이 존재했다. 게다가 실험을 여러 번 반복하자 마지막 회차에서는 기부하는 실험 참가자가 크게 줄어든 것으로 나타났다.

앞에서 살펴본 밥상 형태의 결정 사례도 각자의 이기적인 선택이 항상 좋은 결과를 가져오지 않는다는 것을 잘 보여준다. 사례 1에서 민주적인 투표를 실시하고 이 투표에서 각자 이기적인 선택을 하면 자유형 밥상이 선택된다. 보는 시각에 따라 다소 차이가 있지만 이러한 민주적 선택의 결과가 바람직하지 않다고 보는 사람은 얼마든지 있다. 칸트도 그렇고, 공화주의자들도 그렇고, 평등주의자들도 그렇다.

이기적인 선택은 사회적으로 바람직하지 않은 결과를 얼마든지 초래할 수 있다. 스미스는 틀렸다. '보이지 않는 손'이 항상 존재하는 것은 아니다. 자유가 항상 좋은 결과를 초래하는 것도 아니다. 민주주의가 항상 좋은 결과를 초래하는 것도 아니다.[7]

의사결정권의 문제

민주주의의 또 다른 문제는 의사결정을 위한 투표권이 우리에게만 주어진다는 점이다. 우리 모두가 의사결정에 참여하는 것은 너무도 당연한데, 왜 이런 엉뚱한 이야기를 꺼내는 것일까.

현재의 의사결정이 현재의 우리에게만 영향을 준다면 의사결정을 위한 투표권은 당연히 현재의 우리에게 주어지는 것이 마땅하다. 그러나 현재의 의사결정은 현 세대에만 영향을 주는 것이 아니다. 미래 세대에도 영향을 주게 되어 있고, 경우에 따라서는 미래 세대에 더 큰 영향을 주기도 한다. 그렇다면 그 영향을 받는 미래 세대가 현재의 의사결정에 같이 참여할 수 있어야만 진정한 민주적 의사결정이라고 할 수 있지 않을까.

불행하게도 미래 세대의 의견이 현재의 의사결정에 반영되는 경로(channel)는 존재하지 않는다. 우리는 현 세대의 이기적인 의사결정이 미래 세대에 커다란 불이익을 주는 경우를 흔하게 찾아볼 수 있다. 예를 들면 환경에 관심을 기울이지 않고 경제성만을 추구하는 의사결정으로 인해 지구의 환경은 파괴되고 있다. 또한, 표(vote)를 얻기 위해 국가의 부채를 늘려가면서 정부지출을 확대하는 국가들도 쉽게 찾을 수 있다. 그런데도 투표권이 없는 미래 세대로서는 이를 막을 방법이 없다. 아직 태어나지도 않은 세대는 더욱더 그렇다. 앞에서 설명한 공유자원의 비극도 이유형에 포함될 수 있다. 현 세대의 남획으로 미래 세대에게는 공유자원이 남아있지 않을 수 있다.

어쩌면 민주주의의 가장 큰 한계는 미래 세대의 의견이 현재의 의사결정에 제대로 반영되지 못하는 데에 있을 수도 있다. 그렇다면 우리는 미래 세대의 의견을 현재의 의사결정에 어떻게 반영할 것인가에 대해 고민해 보아야 하지 않을까.

7

자유를 새롭게 바라보다

자유에 얽힌 다양한 문제

자유에도 대가가 따른다

인류는 지금 인공지능 시대에 살고 있다. 충격적이었지만 알파고의 바둑실력은 이미 인간의 실력을 넘어섰다. 여기서 흥미로운 질문을 하나 해볼 수 있다.

"알파고에게도 자유가 있을까?"

보기에 따라 달라질 수는 있지만 알파고에게도 제한된 범위 내의 자유가 있는 것으로 보인다. 알파고는 지시한 대로만 움직이는 지금까지의 컴퓨터와 다르다. 직관도 있다고 한다. 그래서 알파고를 만든 사람도 알파고의 선택을 예측할 수 없다. 알파고는 스스로 선택하는데, 이는 바로 자유를 의미한다.

인공지능마저도 자유가 있는 시대인데, 인간에게 자유가 없다면 인간은 인간이 만든 기계보다도 못한 존재가 된다. 여러 번 강조했지만 자유는 소중하다. 자유의 소중함은 아무리 강조해도 지나침이 없다. 자유가 없는 삶이 우리에게 무슨 의미가 있겠는가.

문제는 자유의 일부분이 비극을 낳고 있다는 점이다. 경제학에 '공짜 점심은 없다'는 말이 있다. 모든 선택에는 대가가 따른다는 말이다. 사람들은 자유를 잘 알고 있다고 생각한다. 자유를 당연한 것으로, 공짜인 것으로 생각한다. 그러나 사람들이 지금까지 생각해온 자유는 진정한 자유가 아닐 수 있다. 자유는 당연한 것도 아니고 공짜도 아닐 수 있다. 그렇게 믿고 싶을 뿐이다. 자유에도 대가가 따르게 되어 있다. 여기서 말하는 대가는 자유를 얻기 위해 선배 세대가 지불한 대가가 아니다. 지금 즐기는 자유 때문에 현재 세대나 미래 세대가 지불해야 하는 대가를 말한다.

제4부와 제5부에서 살펴본 바와 같이 무인도에서 채집의 자유는 필연적으로 불평등을 초래한다. 채집의 자유가 불공정한 경쟁을 야기할 수도 있고, 자원의 고갈을 초래할 수도 있다. 거래의 자유는 일반적으로 거래 당사자 모두에게 이득을 주는 것이 사실이지만 거래에 따른 이득까지 공정하게 나누기는 매우 어렵다. 심지어 정보의 차이 등으로 거래가 거래 당사자에게 손해를 주는 경우도 발생할 수 있다. 농경의 자유로 생산은 급격하게 증가했다. 그러나 생산

이 증가했다고 모든 것을 정당화할 수는 없다. 농경의 자유는 불평등을 심화시켰다. 그뿐만이 아니다. 농경은 숲을 파괴하고 그곳에 살던 생명들에게 부정적인 영향을 끼쳤다. 농경으로 창조된 가치는 주로 인간만 누릴 수 있기 때문에 인간과 다른 생명들의 불평등은 더 심화되었다. 토지 소유의 자유는 불평등을 심화시켜 더 많은 토지를 차지하기 위한 폭력을 불러왔다. 기업의 자유는 기본적인 생계를 꾸리기조차 어려운 수준의 저임금 근로자를 탄생시켰고 이러한 기업이 부도날 때는 많은 피해자까지 발생하고 있다.

불평등을 당연하게 여기는 사람도 있다. 심지어 즐기기까지 하는 사람도 있는 것 같다. 자신은 다른 사람들과 다르다고 생각하기도 한다. 양반이 양인에 대해 그랬고, 평민이 노비에 대해 그랬고, 이민자가 원주민에 대해 그랬고, 남자가 여자에 대해 그랬다. 자신의 자유를 위해 다른 사람들의 자유를 제한하기도 했다.

자유를 빼앗긴 사람들은 자유를 얻기 위해 투쟁해왔다. 그 결과 노예제도가 사라지고 남녀차별이 줄어드는 등 일부 불평등은 줄어들었다. 그렇지만 아직도 비슷한 일이 발생하고 있다. 지금도 원하는 행위를 마음껏 할 수 있는 자유가 자기에게는 있다고 생각하는 사람이 많다. 회사의 사주가 임원에 대해 그렇고, 회사의 임원이 직원에 대해 그렇고, 회사의 정규직이 비정규직과 하청업체 직원에 대해 그렇다. 대기업 직원이 중소기업 직원에 대해 그렇고, 부유한 사람이 가난한 사람에 대해 그렇다. 갑질은 괜히 발생하는 것이 아니다. 불평등을 즐기기 위함이고 불평등 속에서 자유를 즐기기 위함이다.

인간은 다른 생명들에 대해서도 그렇게 생각하고 있는 듯하다. '우리는 우월한 존재다. 우리에게는 자연을 지배할 권리가 있다. 우리는 자유를 갖고 태어났다. 자유는 우리의 권리다'라고 생각하고 있는 듯하다. 인간은 인간만을 생각한다. 센이 생각하는 자유로서의 발전도 인간의 입장에서만 본 것이다. 인류의 발전, 즉 인류의 자유 증진은 사실 많은 생명의 자유를 침해하면서 얻은 결과다.

그렇다면 자유가 비극을 초래하는 이유는 무엇일까.

첫 번째 이유는 무엇보다도 인간의 욕심 때문일 것이다. 인간에게 자유가 주어지면 욕심 때문에 밥상에서는 음식 쟁탈전이 벌어질 수 있다. 무인도에서 사적 소유가 발생하고, 채집 경쟁이 벌어지고, 불평등이 발생하고, 이로 인해 질투심이 발생하고, 분쟁과 갈등이 이어진다. 실제로 우리는 지금 인간의 욕심에서 기인한 자유의 부작용을 매일 보고 있다.

그래서 인간의 욕심을 다스리기 위한 수많은 시도가 있었다. 종교적인 차원의 시도도 있었다. 대표적인 종교가 불교(특히 소승불교)다. 불교에서는 욕심을 버리고 수행하면 깨달음을 얻을 수 있다고 강조한다. 다른 종교들도 차이는 있지만 인간이 자신의 욕심을 다스려야 함을 강조하기는 마찬가지일 것이다.

종교가 아닌 영역에서 도덕을 강조하려는 시도도 있었다. 공화주의자들은 사적 이익보다 공공의 이익을 우선하며 사회공동체에 자발적으로 참여하는 시민이 되어야 한다고 주장한다. 이를 위해 공민적(公民的) 덕을 함양하기 위한 교육의 필요성도 강조한다. 일부 공산주의 국가에서는 여기서 한 걸음 더 나아가 인간을 세뇌시키려고도 했다. 하지만 그러한 시도들은 큰 성과를 거두지 못했다.

인간의 이성과 도덕성을 믿으려 했던 시절도 있었다. 그러나 인간의 이성과 도덕성을 믿으려는 희망은 사실 꿈에 가까울지 모른다. 인간의 DNA가 바뀌지 않는 한 인간의 욕심을 다스리기 위한 시도는 실패할 수밖에 없을지 모른다. 이것이 사실이라면 우리 인간에게 희망은 별로 없어 보인다. 경제학은 물론 다른 학문들도 우울한 학문(dismal science)일 뿐이다. 그렇다고 인간의 DNA를 바꿀 수도 없는 일이다. 인간의 DNA를 임의로 바꾸는 일은 인간의 욕심과 이기심보다 더 끔찍하기 때문이다.

자유에 대한 시각 변화

그토록 소중한 자유가 비극을 낳고 있는 또 한 가지 이유는 우리가 자유를 잘못 이해하고 있기 때문일 수도 있다. 사실 완전한 자유가 주어진 세계는 약육강식의 원리가 지배하는 정글과 다를 것이 없다. 그렇다면 자유를 바라보는 우리의 시각도 바뀌어야 하지 않을까.

지금까지 인간의 역사는 자유 증진의 역사였다. 자유가 없던 시절, 자유의 증진은 분명 발전이었다. 자유의 증진이 바로 발전이라는 시각도 있지 않은가. 지금은 어떠한가. 지금은 자유가 넘쳐나는 시대가 되었다. 모두에게 자유가 넘쳐나는 것은 아니지만 과거에 비해 많은 사람의 자유가 크게 증진되었다. 선택할 수 있는 것이 넘쳐난다는 의미다. 특히 물질적인 선택의 가능성은 그 어느 때보다 커졌다.

그러나 일부의 넘쳐나는 자유가 다른 사람의 자유를 제한하는 일도 벌어지고 있다. 국제 구호단체 옥스팜에 따르면, 전 세계 1퍼센트에 해당하는 부자들의 재산이 나머지

99퍼센트 사람들의 재산보다 많은 것으로 나타났다.[1] 그런 데도 자유지상주의를 외치는 목소리는 식을 줄 모른다.

한 사람의 자유는 알게 모르게 누군가에게 피해를 줄 수 있다. 다른 사람에게 직접적인 피해를 주지 않더라도 간접적으로 많은 피해를 줄 수 있다. 앞에서도 설명했듯이 실험경제학의 연구결과에 따르면, 우리의 만족도는 각자의 소득에만 의존하지 않는다. 다른 사람의 소득에도 영향을 받는다. 대부분 사람은 자신의 소득만을 생각하지 않으며, 공정성도 중시한다. 이것이 사실이라면 한 사람의 소득이 다른 사람들에 비해 매우 많다는 것만으로도 다른 사람들에게 피해를 줄 수 있다는 이야기가 된다.

자유에는 다양한 의미의 자유가 있다. 밀이 생각하는 자유, 즉 '타인을 해치지 않는 한 모든 행위를 할 수 있는' 의미의 자유도 있다. 센이 주장하는 '가치 있는 삶을 추구할 수 있는 자유' 개념도 있다. 이를 조금 더 확대한 선택 가능성으로서의 자유 개념도 있다.

어떤 자유 개념이 오늘날 적합한 자유일까.

적어도 밀이 생각하는 자유는 아닌 듯하다. 밀은 자유를 지나치게 폭넓게 해석하고 있다. 전제군주의 강압과 압제를 경험한 사람의 처지에서 최대한의 자유를 꿈꾸는 것이 당시로서는 자연스러웠을 수 있다. 그러나 지금은 다른 사람의 자유를 침해하는 자유를 그대로 받아들이기 어렵다. 한 사람의 자유가 소중한 만큼 다른 사람의 자유도 중요하기 때문이다.

한 사람의 선택 가능성 자체를 자유라고 정의하면, 여기에는 다른 사람의 자유를 침해할 가능성이 포함된다. 가령 경제적 자원이 유한할 때, 한 사람의 선택의 폭이 넓어진다는 것은 다른 사람의 선택의 폭이 좁아진다는 것을 의미한다. 무인도에서 로빈슨이 먹을 것을 채집하면 프라이데이는 그만큼 채집하지 못하게 된다. 농경처럼 부가가치가 창조되는 경우에도 한 사람의 자유가 다른 사람의 자유를 침해할 수 있다. 한정된 토지나 물을 둘러싼 쟁탈전이 벌어질 수 있기 때문이다.

인류의 역사는 자유에 대한 갈망이 폭력적 투쟁으로 변할 수 있다는 것을 보여준다. 토지를 사유화하는 과정에서도 그랬다. 자유를 찾아 떠난 이주민들이 새로운 정착지에 정착하는 과정에서도 그랬다. 국가 간의 전쟁과 분쟁도 그치지 않고 있으며 국가 내에서도 많은 내란과 분쟁이 진행 중이다. 이러한 상황에서 자유를 무제한 허용할 수는 없다.

자유의 가치 차이와 자유에 대한 제한

제3부에서 설명한 바와 같이 자유의 가치는 사람마다 다르게 나타날 수 있다. 이를 명목적 자유와 실질적 자유의 차이로 설명하기도 했다.

롤스는 자유의 가치 차이에서 오는 불평등의 문제를 정의에 관한 제2원칙으로 해결한다. 그가 말하는 정의에 관한 제2원칙은 다음과 같다.

사회적·경제적 불평등은 다음 두 조건을 만족하도록 편성되어야 한다.
① 모든 사람에게 이익이 되리라는 것이 합당하게 기대되고,
② 모든 사람에게 개방된 직위와 직책이 결부되어야 한다.[2]

여기서 '모든 사람에게 이익이 되리라는 것이 합당하게 기대된다'는 의미는 모든 사람에게 이익이 될 것으로 기대되어야만 모든 사람이 사회의 기본구조에 동의할 것이라는 의미다. 사회의 기본구조를 처음 만들 때, 가장 어려운 사람(예를 들면 경제적으로 가장 어려운 사람)에게도 이익이 있어야 모두가 동의할 것이기 때문이다.

롤스가 제시한 정의의 제2원칙이 이론적으로는 완벽할

지 모르지만 그렇다고 모든 사람이 이에 동의할 것 같지는 않다. 롤스의 제2원칙은 민주주의의 다수결 원칙과도 모순될 수 있다. 사회에서 다수를 차지하는 사람들이 자신의 이익을 위해 가장 어려운 사람에게 불리한 의사결정을 할 수 있기 때문이다.

결국 자유의 가치 차이에서 오는 불평등을 줄이기 위해서는 다른 대안을 찾을 수밖에 없다. 자유에 대한 제한이 바로 그것이다.

밥상으로 비유하자면 현재의 상태는 자유형 밥상에 가깝다. 먹을 것이 충분한 상황에서는 자유형 밥상이 자원을 가장 효율적으로 배분한다. 그러나 먹을 것이 부족할 경우, 자유형 밥상에서 누리는 자유의 가치는 사람에 따라 달라진다. 식사량이 크게 달라질 수 있다는 것이다.

이와 같은 상황에서 무조건 자유형 밥상만을 고집할 수는 없다. 다른 대안들을 고려해야 한다. 그 가운데 평등형 밥상이 비효율적이어서 곤란하다면 '절충형' 밥상이 좋은 대안이 될 수 있다. 한국형 절충형 밥상에서 밥과 국을 각자에게 공평하게 나누어준다는 것은 구성원들에게 선택할 수 있는 최소한의 자유를 보장한다는 것을 의미한다. 다시 말해 일부 구성원의 자유를 제한하여 다른 구성원에게 최소한의 실질적 자유를 보장한다는 것이다.

더욱이 다행인 것은 '절충형' 밥상의 형태가 한 가지가 아니라는 점이다. 밥과 국을 각자에게 공평하게 나누어주고 반찬을 자유롭게 먹게 할 수도 있고, 가장 인기 있는 반찬을 공평하게 나누어주고 밥과 국을 자유롭게 먹게 할 수도 있다. 필요에 따라 다양하게 변형함으로써 원하는 바를 달성할 수 있다.

자유 간의 차별성

자유라고 다 같은 자유는 아니다. 반드시 필요한 자유가 있는가 하면 그렇지 않은 자유도 있다. 이와 관련하여 롤스가 제시하는 정의의 제1원칙은 시사하는 점이 많다. 롤스가 생각하는 정의의 제1원칙은 다음과 같다.

> 각 사람은 다른 사람들의 유사한 자유와 양립할 수 있는 가장 광범위한 기본적인 자유에 대하여 평등한 권리를 가져야 한다.[3]

모든 사람이 가능한 범위 내에서 기본적 자유에 대해 평등한 권리를 가져야 한다는 것이다. 롤스는 이러한 기본적인 자유에 정치적 자유(투표의 자유 및 공직에서 일할 자유), 언론과 결사의 자유, 양심의 자유, 사상의 자유, 인신의 자유, 사유 재산을 소유할 자유, (법의 지배라는 개념이 규정하는) 이유 없는 체포와 구금으로부터의 자유 등을 포함시켰다.[4] 그러나 생산수단 같은 재산에 대한 권리나 자유방임론적인 계약의 자유 등은 기본적인 자유가 아니라고 보았다. 다른 사람들의 자유와 양립하지 않을 수 있기 때문일 것이다.

기본적인 자유와 그렇지 않은 자유에 대한 롤스의 구분을 그대로 따라야 하는 것은 아니지만 모든 자유가 침해될 수 없는 기본적 자유가 아닌 것만은 분명하다. 그렇다면 제한할 수 있는 자유에는 어떠한 것들이 있을까. 우선 생각할 수 있는 대상은 당연히 무인도에 비극을 초래할 수 있는 자유가 될 것이다. 이러한 자유에 대해 다시 한번 정리해보자.

공정한 사회를 위한 제언

경쟁의 자유와 공정성

경쟁은 공정하게 이두어져야 한다. 채집을 하든 농경을 하든 다른 어떤 활동을 하든 마찬가지다. 그래서 최근 미국과 유럽을 중심으로 '공평한 경쟁여건'에 대한 논의가 활발히 진행되고 있다. 모든 사람에게 기회를 똑같이 주어야 하고 정해진 규칙에 따라 경쟁을 하도록 해야 한다는 것이다.

그러나 이것만으로는 부족하다. 모든 사람에게 같은 기회를 주고 정해진 규칙에 따라 경쟁을 한다고 해서 공정성이 완전히 보장되지는 않는다. 이는 몸무게가 120킬로그램인 선수와 50킬로그램인 선수가 벌이는 격투기 시합이 공정하기 어려운 데서도 잘 드러난다. 공평한 기회와 동일한 조건은 사회적 강자와 경쟁해야 하는 사회적 약자에게 치명적일 수 있다. 사회적 약자는 몸무게가 120킬로그램인

선수 앞에 선 몸무게 50킬로그램 선수와 같다.[5]

경쟁 과정에서 자유도 중요하지만 약자에 대한 배려가 필요한 것은 이 때문이다. 여기에는 장애인에 대한 배려, 어린이와 노인에 대한 배려, 저소득층에 대한 배려 등을 포함할 수 있다. 예를 들면 현재 우리나라에서는 '장애인고용촉진 및 직업재활법'에 따른 장애인의무고용제도처럼 장애인을 위한 여러 가지 정책이 운영되고 있다. 다행스러운 일이다. 문제는 이러한 법과 제도의 실효성이 떨어져 효과를 제대로 보지 못하고 있다는 점이다. 장애인을 고용하기보다 차라리 부담금을 내는 것이 더 나은 상황이라면 무언가 잘못된 것이다.

기업도 마찬가지다. 대기업과 중소기업이 동일한 조건에서 경쟁하는 것이 공정하지 않은 경우도 있다. 중소기업도 약자에 해당하기 때문이다. 이러한 인식이 확산되면서 최근 중소기업정책도 변화의 조짐을 보이고 있다. 뒤늦게나마 다행이다. 2006년 제정된 '대·중소기업 상생협력 촉진에 관한 법률'(일명 상생법)도 같은 맥락에서 이해할 수 있다. 이 법에는 중소기업 사업영역의 보호, 동반성장위원회의 설치 등에 대한 내용이 담겨 있는데, 그 독특한 규제 내용 때문에 국제적인 기준에서 벗어난다는 비판을 받는 것도 사실이다. 물론 문제 있는 규정이 있을 수도 있다. 그러나 대기업과 중소기업이 공정하게 경쟁함으로써 대·중소기업의 양극화를 해소하고 동반성장을 달성한다는 차원에서 보면, 이러한 법들은 앞으로 더욱 정교하게 발전시켜야 할 것이다.

다만 정책을 추진하는 데 한 가지 우려되는 점은 '공정'하다는 것은 판단하기 매우 어려운 개념이며, 이에 대해 모두가 동의하는 기준을 만들기 어렵다는 점이다. 철학적으로 '최선'(最善)을 판단하는 기준이 여러 가지이듯이, '공정'한 것에 대한 사람들의 판단도 조금씩 다를 수밖에 없다. 이는 공정한 것에 대한 사회적 합의를 도출하기가 쉽지 않음을 의미한다. 여기에 더해 공정성에 대한 판단을 정부에 맡기는 것에 대한 우려도 있을 수 있다. 시장의 실패보다 정부의 실패를 더 우려하는 사람들도 있다.

이러한 우려를 이해하지 못하는 것은 아니다. 그렇다고 사회적 불평등이 점점 더 심화되고 있는 현시점에서 가만히 있을 수만은 없는 일이다.

거래의 자유와 공정성

거래를 통해서 얻는 이득의 크기는 사람마다 크게 다를

수 있다. 이미 일부 사람은 이와 같은 이득의 차이를 인식하고 있다. 그래서 이 차이를 줄이는 것이 바람직하다는 데 의견을 같이하고 있다. 개도국에서 선진국으로 수출되는 상품에 공정한 가격을 지불하자는 공정무역 운동이 그 대표적인 예다.

공정무역 운동을 개도국과 선진국 간의 거래에만 한정할 이유는 없다. 공정무역의 개념을 확대해 일반적인 거래에도 적용할 수 있다. 그것이 바로 거래에 따른 이득을 거래 당사자가 모두 공정하게 나누어 갖자는 의미로서의 '공정거래' 개념이다.

문제는 거래에 따른 이득을 공정하게 나누어 갖자는 의미의 공정거래 개념이 일반화되지 않았다는 점이다. 일례로 이런 의미의 공정거래 개념은 미국에서 거의 사용되지 않는다.

미국의 경우, 자발적으로 거래를 하는 한 개인 간의 거래에 시비를 거는 경우는 거의 없다. 대부분의 미국 학자는 거래에 따른 이득을 거래 당사자가 공평하게 나누어 가질 필요가 없다고 생각한다. 거래에 따른 이득을 한 사람이 훨씬 더 많이 갖더라도 이는 그 사람의 능력이나 권리에 따른 자연스러운 결과라고 생각한다. 거래를 통해

그림1 국제 공정무역 인증 마크
이 마크는 공정무역 기준에 따라 생산된 상품에 부여한다.

그림2 공정무역으로 거래되는 바나나
개도국에서 선진국으로 수출되는 상품에 공정한 가격을
지불하자는 공정무역 개념은 일반적인 거래에도 적용할 수 있다.

자신이 이득을 얻으면 그만이지 남이 얼마만큼 이득을 얻는지는 관심 둘 필요가 없다고 생각하기도 한다.

이에 따라 미국에서는 공정거래법이라는 용어 대신 반독점법(antitrust law)이라는 용어를 사용한다. 불공정한 행위라는 것도 거래 자체가 불공정한 경우를 의미하는 게 아니라 기만(欺瞞, deception)과 같은 것을 의미할 뿐이다. 반독점법의 목적도 경쟁을 촉진하는 것에 맞추어져 있다. 거래에서 약자를 배려하거나 보호하는 내용은 담고 있지 않다. 거래의 자유만을 강조하고 있는 것이다. 그래서 미국에서 'fair trade'는 일반적으로 '공정거래'가 아니라 '공정무역'으로 인식된다. 유럽에서도 마찬가지로 공정거래정책(fair trade policy)이라는 단어는 거의 사용하지 않는다. 그 대신 경쟁정책(competition policy)이라는 용어를 사용한다. 정책의 초점도 미국과 마찬가지로 경쟁을 촉진하는 데 맞추어져 있다.

그러나 우리나라에서는 '반독점'이나 '경쟁' 대신 '공정거래'라는 용어를 주로 사용한다. 공정거래라는 용어를 사용하는 만큼,[6] 우리나라에서는 미국이나 유럽과 달리 문자 그대로 '불공정'한 거래도 규제하고 있다. 여기서 '불공정'하다는 것은 거래 상대방의 자유로운 의사결정을 저해하거나 불이익을 강요하는 것까지 포함한 매우 폭넓은 개념이다. 이에 따라 우리나라에서는 사업자가 거래상 우월한 지위를 이용하여 거래 상대방에게 각종 불이익을 부과하거나 경영에 간섭하는 행위도 금지하고 있다. 경제적 약자를 착취하거나 거래 상대방의 발전기반을 저해하지 못하도록 하기 위한 것이다.[7] 이러한 법 규정은 우리나라 공정거래법만의 독특한 내용이다. 다른 기업에 불이익을 강요할 수 있는 것은 그 기업의 능력이나 권리에 따른 것이기 때문에 문제될 것이 없다고 보는 미국과 크게 대조된다.

이러한 차원에서 보면 한국에서 통용되는 공정거래 개념은 거래에 따른 이득을 거래 당사자끼리 공정하게 나누어 갖자는 의미의 공정거래 개념에 가깝다. 내가 이득을 보면 된다는 데서 그치지 않고, 거래 상대방에게 불이익을 주면 안 된다는 의미까지 포함한 개념에 가까운 것이다. 이것은 한국적 공정거래의 개념을 더 확대·발전시켜야 하는 이유다.

법인을 자연인과 비교하면 한국적 공정거래의 개념이 확대·발전되어야 한다는 주장이 더 설득력을 가진다. 자연인에게 우월한 지위를 남용하지 못하게 금지하는 경우는 얼마든지 있다. 형법만을 놓고 보더라도 그러한 경우는 다음과 같이 매우 많다.

- 공무원이 직권을 남용하여 사람으로 하여금 의무 없는 일을 하게 하거나 사람의 권리행사를 방해하는 행위(직권남용, 형법 제123조)
- 자기의 감독을 받는 사람에 대하여 위계 또는 위력으로 간음하는 행위(업무상위력 등에 의한 간음, 형법 제303조)
- 위력으로써 사람의 업무를 방해하는 행위(업무방해, 형법 제314조)
- 폭행 또는 협박으로 사람의 권리행사를 방해하거나 의무없는 일을 하게 하는 행위(강요, 형법 제324조)
- 사람의 궁박한 상태를 이용하여 현저하게 부당한 이익을 취득하는 행위(부당이득, 형법 제349조)

그렇다면 사업자에 대해서도 거래상의 우월한 지위를 이용하여 거래 상대방에게 각종 불이익을 부과하거나 경영에 간섭하는 행위를 금지하는 것은 당연하다 할 수 있다. 이러한 행위를 금지하지 않는 국가들이 이상할 뿐이다.[8]

고용 거래(계약)에서도 마찬가지다. 고용 계약이 법을 위반하지도 않았고 자발적으로 이루어졌다고 해서 계약에 아무런 문제가 없다고 보는 것은 타당하지 않다. 고용 계약도 공정해야 한다. 사용자의 지위가 근로자에 비해 우월하더라도 사용자는 자신의 우월한 지위를 남용해서는 안 된다. 노예노동보다 못한 임금 계약이나 근로조건을 어떻게 공정하다고 할 수 있겠는가. 고용 계약에서도 일반적인 거래와 마찬가지로 거래에 따른 이득을 공정하게 나누어 가져야 한다. 이는 고용 계약에 관한 자유가 제한되어야 하는 이유다.

기업의 자유와 사회적 책임

기업의 의사결정은 소비자와 근로자 등 다양한 이해관계자에게 영향을 미친다. 그렇기 때문에 기업은 다양한 이해관계자의 이해관계를 고려하여 의사결정을 하는 것이 바람직하다. 공정한 경쟁, 공정한 거래를 포함하여 기업의 사회적 책임이 중요한 이유다.

본질적으로 보더라도 기업의 자유가 침해되어서는 안되는 성격의 자유일 수는 없다. 법인은 심지어 자연인도 아니지 않은가. 자연인도 아닌 존재에게 자연인과 같은 자유를 줄 수 없다는 것은 너무나 당연하다.

그러나 현실에서는 이와 반대로 법인이 자연인보다 더

많은 자유를 누리고 있다. 자연인과 달리 법인에게는 도덕을 가르치지도 않고 이들에게는 상속세도 없다. 자연인과 달리 법인은 잘못을 저질러도 감옥에 가지 않는다. 자연인과 달리 이웃(경쟁법인)에게 손해가 되는 의사결정이나 심지어 이웃법인을 죽이는 의사결정을 하더라도 비난받기보다 칭찬받는다.

자연인은 자기가 힘들다고 자식들을 집에서 쫓아낼 수 없다. 그렇게 하다가는 형사처벌을 받을 수도 있다. 그런데 법인은 사정이 어려우면 근로자들을 내쫓을 수 있다. 이러다 보니 악덕 기업이 착한 기업과의 경쟁에서 유리한 위치를 차지하는 일도 벌어진다. 기업사회에서 '악화가 양화를 구축'하는 일, 즉 악덕 기업이 착한 기업을 시장에서 몰아내는 일이 벌어질 가능성이 높은 것이다.

법인의 자유에 대한 규제를 자연인에 비해 적게 할 이유는 없다. 법인에 대한 처벌을 자연인에 비해 적게 할 이유도 없다.

법인의 주주들도 마찬가지다. 현재 주주들은 익명이라는 가면 속에 숨어 법인이 이윤과 배당을 극대화하고, 주가도 관리하도록 압력을 넣고 있다. 이런 상황에서 지금까지 정부는 대주주의 전횡과 사익 추구를 막기 위해 대주주를 규제하는 것에만 초점을 맞췄다. 그러나 일반 주주들의 자유도 제한되어야 한다. 자신들의 이익만을 위한 의사결정을 자유로운 의사결정이라는 이유로 모두 허용할 수는 없다. 주식회사가 이익을 얻는 데는 제한이 없으면서 책임은 유한하게 지는 것은 분명 특혜다. 법인이 잘못을 저질러도 일반 주주들은 처벌받지 않는다. 이런 상황에서 주주가 사회적 책임마저 도외시하는 것을 허용한다면 이는 부당한 일이다.

자유와 관련된 새로운 이슈들

공유자원의 사유화 방지

제한해야 할 자유 가운데 또 하나로 공유자원의 사유화를 꼽을 수 있다. 인간은 과거 공유자원이었던 토지를 사유화하려고 했고, 이러한 시도는 실제로 성공을 거두었다. 그러나 앞에서도 설명했듯이 토지의 사유화는 논리적 근거가 부족한 것이었다. 토지의 사유화는 사회적 불평등 등 많은 문제점을 낳았다.

땅을 사유화했다면 강이나 바다도 자기 것이라 우겨서 사유화하려고 할 수 있다. 이와 비슷한 일들이 실제로 벌어지고 있지 않은가. 심지어 공기나 햇빛이라고 해서 사유화되지 말라는 법도 없다. 언젠가 호흡을 하는 대가까지 요구하는 사람이 나올지도 모른다. 심지어 언젠가는 우주에서 햇빛을 가리고 대가를 지불하는 사람에게만 햇빛을 비추는 일이 벌어지지 말라는 법도 없다.

19세기 프랑스의 경제학자 바스티아(Claude Frédéric Bastiat)가 생각나는 대목이다. 그는 의회에 제출한 탄원서에 태양광을 차단하면 프랑스의 양초산업과 낙농업이 번성할 것이라며 태양광을 막아달라고 했다.[9] 물론 이 탄원서는 태양광을 차단하는 것이 얼마나 부당한지를 역설적으로 설명하기 위한 것이었지만 태양광을 막겠다는 아이디어 자체는 매우 참신했다. 이런 아이디어가 현실로 나타나지 않기를 바랄 뿐이나.

공유자원은 자기 마음대로 할 수 있는 것이 아니어야 한다. 대기나 하천 등을 오염시키는 행위도 어떻게 보면 대기나 하천을 자신의 것이라고 생각하기 때문에 발생하는 것일 수 있다. 따라서 공해 문제는 외부효과 차원에서만 접근할 문제가 아니다. 외부효과만이 문제라면 코즈가 주장하듯이 대기나 하천이 누구의 소유(또는 권리)인지 그 권리관계만 명확히 밝히면 해결할 수도 있다.[10] 그러나 공유자원을 어느 누구의 소유라고 할 수 있는 근거는 없다.

최근 종자 등을 사유화하려는 움직임도 나타나고 있다. 그러나 공유자원은 먼저 발견했다거나 먼저 점거했다거나 먼저 사용했다는 이유로 사유화할 수 없다. 이름도 마찬가지다. 먼저 유명해졌다는 이유로 이름을 사유화해서는 안 된다. 더욱이 과거 토지의 사례에서도 드러나듯이 한 번 사유화한 것을 무효화하기란 매우 어렵다. 처음부터 막아야 한다.

거꾸로 가는 국제사회

자유가 초래하는 비극을 막기 위해 자유를 제한하는 일은 한 국가만의 노력으로는 이룰 수 없다. 자유를 제한함으로써 부작용을 겪은 일은 역사적으로 수없이 반복되어왔다. 자유를 제한하면 많은 사람이 더 많은 자유를 얻기 위해 이동할 것이다. 능력 있는 사람일수록 자유가 보장된 국가로 이동할 가능성이 높다. 능력 있는 사람에게 더 많은 자유는 더 많은 것을 성취할 수 있는 기회를 주기 때문이다. 이러한 이유로 자유를 제한하는 국가가 도태되는 일이 벌어질 수 있다. 무인도를 예로 들면, 로빈슨과 프라이데이가 농경의 자유를 허용하지 않고 채집생활만 하기로 결정할 수 있다. 두 사람이 그와 같은 결정에 만족할 수도 있다. 그러나 외부 사회가 그러한 사회를 가만히 놔둘 리 없다. 채집경제는 국제적인 경쟁에서 살아남지 못한다. 개인의 자유를 크게 제한해서 성공한 국가를 찾는 것은 매우 어렵다.

돈도 마찬가지다. 자유롭게 돈을 쓸 수 있고, 자유롭게 기업을 운영할 수 있는 국가로 돈은 이동하게 되어 있다. 어떤 사회가 기업의 자유를 크게 제한하는 결정을 할 수 있다. 사회의 구성원 대다수가 그러한 결정에 만족할 수도 있다. 그러나 한 국가만 기업의 자유를 규제하면, 기업들은 그 규제를 피하고 자유를 찾기 위해 외국으로 이동하려고 할 것이다. 세금이 적고 규제가 적은 국가로 본사를 옮기는 회사들을 쉽게 찾아볼 수 있는 이유가 여기 있다. 돈이 외부로 유출되면 사회의 경쟁력을 유시하기 어렵나는 섬에서 기업의 자유를 크게 제한하는 사회 역시 국제적 경쟁에서 살아남기 어렵다.

따라서 자유, 그중에서도 특히 기업의 자유를 제한하는 일은 한 국가만의 노력으로는 불가능하다. 국제적인 공조가 필수적이다. 하지만 현실에서는 기업의 자유를 제한하기 위한 국제적 공조는커녕 국제적인 논의조차 제대로 이루어지지 않고 있다. 경쟁, 환경, 노동 등과 같은 자유와 관련된 이슈가 세계무역기구(WTO) 무역협상의 중요한 의제로 떠오른 적이 있다. 그러나 일부 국가의 반대로 지금은 논의가 중단된 상태다. OECD를 중심으로 기업의 지배구조에 대한 논의도 이루어지고 있다. 그러나 이해관계자의 권리 보호나 기업의 투명성에 초점이 맞추어져 있을 뿐이다. 기업의 사회적 책임에 대한 논의는 처음부터 반대에 봉착해 있다. 기업의 목적이 이윤추구에 있다는 이유에서다. 경쟁의 공정성, 거래의 공정성에 대한 논의는 제대로 시작도 하지 못하고 있다.

이러한 가운데 외국인 투자를 유치하기 위해 기업의 자유를 오히려 확대하는 국제적 경쟁이 벌어지기도 한다. 그 결과 불평등은 전 세계적으로 더욱 심화되고 있다.

인류의 미래에 대한 새로운 위협

인류의 미래를 위협할 정도로 중요한 자유의 문제도 새롭게 등장하고 있다. 대표적으로 인공지능(AI) 개발에 관한 자유, 빅데이터 수집·이용에 관한 자유, 동식물 유전자 조작 및 동식물 복제에 관한 자유 등이 있다.

인공지능을 개발할 자유에 대해 먼저 생각해보자. 현재 전 세계적인 분위기는 인공지능을 미래의 핵심 산업 가운데 하나로 보고, 이를 적극적으로 개발하고 육성하는 방향으로 흐르고 있다. 인공지능을 개발할 자유를 당연하게 여기고 있는 것이다. 그리하여 구글의 알파고, IBM의 왓슨 등 다양한 인공지능이 개발되고 있다. 인공지능이 인간에게 유용하게 사용될 수 있다는 점에서 이해가 안 가는 것은 아니다. 인공지능은 이미 자율주행차, 자산관리 등 다양한 분야에서 활용되기 시작했다. 인공지능 로봇이 외로운 사람들의 벗이 되기도 한다. 인공지능이 활용될 수 있는 분야는 이 밖에도 무궁무진하다. 그런 만큼 인공지능이 거스를 수 없는 시대의 커다란 흐름인 것 또한 사실이다.

그러나 인공지능의 개발이 긍정적인 결과만을 야기하는 것은 아니다. 인공지능은 멀지 않은 미래에 엄청난 파국을 가져올 수도 있다. 일자리가 줄어드는 등 부차용 차원의 문제가 아니다. 인공지능의 진짜 문제는 그 결과를 예측하기 어렵다는 것이다. SF 영화의 고전으로 불리는 큐브릭(Stanley Kubrick) 감독의 1968년작 「2001 스페이스 오디세이」(2001: Space Odyssey)를 보면, 우주선에 탑재된 인공지능이 우주선에 타고 있는 사람들을 제거하려는 장면이 나온다. 인공지능이 스스로 생각하고 선택하기 때문에 발생하는 일이다. 인공지능이 사물인터넷(IoT)과 결합하면 서로 연결된 거대한 인공지능 집단도 나올 것이다.

영화 「터미네이터」(Terminator) 시리즈는 인간을 파괴하려는 인공지능 집단과 이를 막으려는 인간의 대결을 영화화한 것이다. 두 영화 모두 인공지능의 눈은 붉은색으로 묘사되고 있다.[11] 감독들이 인공지능의 눈을 붉게 만든 것

그림 3 HAL 9000
　　「2001 스페이스 오디세이」에는 우주선 내 인간들을 제거하려는
　　HAL 9000의 붉은색 렌즈가 클로즈업되는 장면이 나온다.

이 피를 상징하기 위한 것은 아닌지 궁금하다. 도대체 우리는 어느 수준의 인공지능까지 만들어도 되는 것일까.

빅데이터에 대한 자유도 마찬가지다. 현재 미국을 중심으로 한 세계적 추세는 인공지능과 마찬가지로 빅데이터 산업을 유망한 미래산업으로 보고, 이를 적극적으로 육성하는 방향으로 흐르고 있다. 실제로 빅데이터는 의료나 마케팅 분야 등에서 사람들에게 유익한 자료를 제공하고 있다. 인공지능의 발진에도 그게 이바지하고 있다고 한다.

그러나 빅데이터가 쌓이게 되면 그 데이터를 갖고 있는 사람은 다른 사람들에 대해 속속들이 알 수 있게 된다. 다른 사람들의 행동도 예측할 수 있을 것이다. 문제는 지금도 존재하는 정보의 차이가 이로 인해 더욱 확대될 것이라는 점이다. 정보의 격차는 정보를 가진 사람에게 경제력이 쏠리는 현상을 초래해 사회적 불평등을 심화시킬 수밖에 없다.

동식물 유전자 조작과 동식물 복제도 현재 활발히 연구되고 있는 분야 가운데 하나다. 전 세계의 많은 자금이 이 분야에 투입되고 있다. 그 결과, 유전자 조작 농산물(GMO)은 안전성 논란에도 이미 많은 사람의 식탁 위에 오르고 있다. 복제 기술의 발전도 인간 복제에 대한 우려를 낳는 등 인간의 존엄성마저 위협하고 있다.

인간의 자유는 어디까지여야 할까.

우리는 이 문제에 대한 해답을 찾아야 한다. 시간이 많이 남지 않았다. 과학기술이 발달함에 따라 인간의 자유가 야기하는 영향력이 점점 커지고 있는 가운데, 그 결과를 예측하기조차 어려운 시대가 되었다. 이는 인간이 깨닫지 못하는 사이 인간의 자유가 인간을 파국으로 몰고 갈 수 있게 되었음을 의미한다. 이러한 상황이라면 인류는 조금 더 겸손해져야 한다.

머지않아 자유를 절제하는 것이 오히려 발전이라고 여기는 날이 올 수도 있지 않을까.

새로운 자유의 봄을 꿈꾸며

• 맺는말

　지금 인류는 역사상 가장 풍요로운 시대에 살고 있다. 선택할 수 있는 것이 넘쳐나고 있다. 선택할 수 있는 것이 넘쳐난다는 것은 그만큼 자유롭다는 것을 의미한다.

　지금까지 우리는 자유의 증진을 발전이라고 생각해왔다. 일부에서는 자유지상주의를 주장하는 목소리가 그치지 않고 있다. 인간 스스로를 지나치게 믿고 있는 것 같다. 아니면 '보이지 않는 손'을 지나치게 믿고 있는지도 모른다. 그들의 주장에 우리가 의식적 또는 무의식적으로 동의해온 것도 사실이다. 자유는 우리에게 너무나 소중한 가치이기 때문이다.

자유는 소중하다. 나도 자유로운 삶을 좋아한다. 가장 자유로운 직장을 원해서 직업으로 대학교수를 택했다. 학교의 보직도 맡기 싫어한다. 400년간 부와 명성을 유지해온 경주 최부잣집 가훈 가운데 '절대 진사 이상의 벼슬은 하지 마라'는 구절을 흉내 내어 한때 '절대 학부장 이상의 보직을 맡지 마라'는 글을 연구실 문에 붙여놓기도 했다.

그러나 자유에는 대가가 따른다. 대표적인 대가가 불평등이다. 지금도 일부 사람은 남들이 당연히 누리는 선택을 하지 못하고 있다. 선택할 수 있는 것이 거의 없는 사람들이 한 사회의 다수를 형성하는 경우도 실제로 나타난다. 사실상 자발적이지 않은 노동을 하는 경우도 있다. 그나마 노동할 수 있는 사람을 행복한 사람으로 여기기도 한다. 한 사람의 자유가 경우에 따라서는 이른바 '갑질'이 되기도 한다. 일부 넘쳐나는 자유가 다른 사람의 자유를 직·간접적으로 침해하는 일도 발생하고 있다. 대기업이 하청기업의 자유를 침해하고, 회사의 임원이 직원의 자유를 침해하고, 부자가 가난한 사람의 자유를 침해하는 일이 벌어지고 있는 것이다. 기업의 자유로운 의사결정이 대량해고와 환경파괴를 불러일으키는 경우도 있다. 다른 사람들을 전혀 신경 쓰지 않으면서 자유를 누리려고 하기도 한다.

이런 일이 발생하는 것은 아마도 인간의 욕심과 이기심 때문일 것이다. 욕심과 이기심이 넘치는 사람들에게 자유가 너무 많이 주어진 탓이다. 이로 인해 우리는 자유가 야기하는 부작용과 비극을 자주 목격하고 있다. 그렇다고 사람들을 어떻게 할 수는 없다. 인간을 개조할 수는 없기 때문이다. 그렇다면 다른 대안을 찾아야 한다. 자유에 대해 다시 한번 생각해보려고 한 이유다.

자유의 개념과 경제학의 발전은 서양을 중심으로 이루어졌다. 이 책은 여기에 동양적 시각과 가치관을 더하려고 노력했다. 예를 들어 자신이 중심이 되어 세상을 보는 서양적 시각과 달리 자신도 세상의 한 부분에 불과하다는 동양적 시각에서 보면, 자유를 바라보는 시각도 달라질 수 있다. 그리고 주변을 고려한 선택은 자신을 중심으로 한 선택과 달라질 수밖에 없다.

그뿐만 아니라 자유도 지나치면 모자란 것과 마찬가지로 바람직하지 않은 결과를 초래할 수 있다. 이는 『논어』(論語)에 나오는 과유불급(過猶不及: 지나친 것은 미치지 못함과 같다)과 일맥상통하는 내용이다. 동양적인 밥상, 특히 한국적인 밥상의 형태와 그 속에 담긴 지혜에 대해서도 생각해보았다.

자유에 관한 많은 문제를 제기하고 있지만 이 문제들에 대해 모두 해답을 제시하지는 못했다. 안타깝지만 이 책의 커다란 한계다. 그렇다고 이 책을 통해 할 수 있는 것이 전혀 없었던 것은 아니다. 새로운 대안을 찾는 작은 시작이 될 수 있기 때문이다. 자유가 낳고 있는 여러 문제점을 제기함으로써 많은 현자(賢者)의 관심을 불러모을 수도 있다. 앞으로 많은 현자가 이 책에서 제기하고 있는 문제들에 대한 새로운 대안을 제시하기를 기대해본다.

주註

1 밥상에서 자유를 생각하다

1 『예기』, 「예운」(禮運)편 참조.

2 중세시대 탐식을 죄로 여겼던 이유와 탐식의 유형에 대한 자세한 내용은 신원하, 『죽음에 이르는 7가지 죄』, IVP, 2012 참조.

3 평등하게 나누어준 음식을 구성원끼리 서로 바꾸어 먹는 것을 허용할 수도 있지만, 영양을 고려하여 자기가 받은 음식은 자기가 먹도록 할 수도 있다.

4 아이들은 예외다.

5 선조(宣祖) 때 어머니를 위해 관리들이 잔치를 연 상황을 그린 그림을 보면 장막 안에 있는 개인 앞에 밥상이 따로 차려져 있음을 알 수 있다. 김향금, 『조선에서 보낸 하루』, 라임, 2015, 59쪽 참조.

6 Handler, S., *Austere Luminosity of Chinese Classical Furniture*, University of California Press, 2001, p.182 참조.

2 행복의 자유와 도덕적 의무

1 『EBS 다큐멘터리 동과 서』에는 서양인들이 동양인들에 비해 자기중심적 시각을 가지고 있음을 보여주는 다른 사례들도 정리되어 있다. 서양은 '나' 중심의 문화이기 때문에 1인칭이 발달한 반면, 동양은 '우리' 중심의 문화이기 때문에 3인칭이 발달했다는 것도 이에 포함된다. 같은 책, 144~273쪽 참조.

2 서양의 원근법은 기원전 그리스 시대부터 시작되어 르네상스 시대에 체계화된 것이다. 양소영 외, 『음악미술 개념사전』, 2010, 아울북 참조.

3 이러한 동서양의 차이를 고정 시점(시점을 자기에게 고정시켜 그리는 경우)과 이동 시점(시점을 옮겨가며 그리는 경우)의 차이로 설명하기도 한다. 이동 시점에 따라 그리는 경우에는 가까운 곳에 있는 것은 그림의 아랫부분에, 멀리 있는 것은 윗부분에 그리는 것이 일반적이다.

4 모든 동양화에 원근법이 적용되지 않는 것은 아니다. 겸재 정선은 진경산수화(眞景山水畵)로도 유명한데, 진경산수화란 눈에 보이는 대로 그린 그림이기 때문에 여기에는 원근법을 적용할 수밖에 없다.

5 다만 '행복할 자유'와 '행복을 추구할 권리'가 완전히 같은지에 대해서는 다소 논란의 여지가 있을 수 있다.

6 그림 속 인물들의 관계를 일반적인 공동체로도 확대 가능하다. 다섯 명은 남매가 아니라 이웃일 수도 있고, 같은 지역민이거나 같은 국민일 수도 있고, 단순히 같은 인간일 수도 있다. 이 경우 '주위 사람들이 어려운 형편으로 고통받고 있을 때, 가운데 있는 사람은 다른 사람들을 돕지 않아도 되는 선택의 자유가 있을까?'라고 질문을 바꾸어 생각할 수 있다.

7 마이클 샌델, 이창신 옮김, 『정의란 무엇인가』, 김영사, 314~316쪽 인용 및 참조.

3 자유란 무엇인가

1 서은국, 『행복의 기원』, 21세기북스, 2014 참조.

2 시오노 나나미, 김석희 옮김, 『로마인 이야기 1: 로마는 하루아침에 이루어지지 않았다』, 한길사, 1995, 244쪽 참조.

3 Davis, W., *Bradford's History of Plymouth Plantation: 1606-1646*, Barnes and Noble, Inc., 1908, pp.107~112 참조.

4 위키피디아 참조.

5 위키피디아에서 인용.

6 McKenzie, F., *The Tragedy of Korea*, 1908, E. P. Dutton & Co., p.203에서

인용 및 번역.

7 McKenzie, F., *Korea's Fight for Freedom*, 1920, Fleming H. Revell Company, p.245에서 인용 및 번역.

8 Ashcraft, R. "John Stuart Mill and the Theoretical Foundations of Democratic Socialism," *Mill and the Moral Character of Liberalism*, The Pennsylvania State University Press, Edited by Eisenach, E., 2010, p.169 참조.

9 존 스튜어트 밀, 서병훈 옮김, 『자유론』, 책세상, 32쪽에서 인용.

10 같은 책, 155~156쪽에서 인용.

11 같은 책, 180~181쪽 참조.

12 같은 책, 35쪽 참조.

13 이철수 외, 『사회복지학사전』, 2009, Blue Fish.

14 마이클 샌델, 안규남 옮김, 『민주주의의 불만』, 동녘, 2012, 18~20쪽 참조.

15 서울대학교 정치학과 교수, 『정치학의 이해』, 박영사, 2005, 59~60쪽 참조.

16 대부분의 번역에서 'substantive'는 '실질적인'으로 옮긴다. 그러나 여기서는 'real'의 의미가 있는 '실질적인'과 구분하기 위해 'substantive'를 '실제적인'으로 번역한다.

17 아마티아 센, 김원기 옮김, 『자유로서의 발전』, 갈라파고스, 2013, 32쪽, 62쪽 참조.

18 같은 책, 414쪽에서 인용.

19 같은 책, 410쪽에서 인용.

20 같은 책, 411쪽 참조.

21 『메리엄-웹스터 사전』에 나오는 'liberty'의 첫 번째 정의는 '사람들이 자유롭게 행동하고 말할 수 있는 상태나 조건'이다.

22 마이클 샌델, 같은 책, 251쪽 참조.

23 존 롤스, 황경식 옮김, 『정의론』, 이학사, 2003, 278쪽에서 인용.

24 존 롤스, 같은 책, 278~279쪽에서 인용.

25 이와 같은 개념의 차이는 http://the-penultimate-word.com/2011/05/30/

liberty-or-freedom-the- difference-is-amazing/ 참조.

26 같은 자료 참조.

27 위키피디아에서 인용.

28 http://eyler.freeservers.com/JeffPers/jefpco26.htm 참조.

29 같은 자료 참조.

30 Thomas Hobbes, *Leviathan*, Part 2, Ch. XXI에서 인용.

4 무인도에서 자유가 비극이 될 수 있는 열두 가지 이유 I

1 가토 히사타케, 이신철 옮김, 『헤겔사전』, 도서출판 b, 2009.

2 기다 겐 외, 이신철 옮김, 『현상학사전』, 도서출판 b, 2011.

3 『예기』, 「예운」편 참조.

4 반면 밀은 '인간의 욕망이 너무 강해서 나쁜 결과를 낳는 것은 아니다. 그 것보다는 양심(conscience)이 약한 것이 문제다'라고 주장함으로써 욕심 의 문제를 양심의 문제로 바꾸어 설명하고 있다.

5 칸트는 자신이 이전에 주장한 '노동에 따른 소유권' 이론을 번복하면서, 사물에 대해 투하된 노동은 개별적인 소유의 성립근거가 아니라 선점을 표시하기 위한 하나의 수단에 불과하다고 주장한 바 있다. 강희원, 「사적 소유에 관한 (법)철학적 사색」, 『재산법연구』, 제20권, 제2호, 2003 참조.

6 강희원, 같은 책, 6~17쪽에서 인용 및 참조.

7 이러한 의미에서 무인도는 엄밀하게 말해 제로섬이 아니라 콘스탄트- 섬(constant-sum) 사회다. 이 사회에는 고구마와 야자열매가 일정한 (constant) 양으로 정해져 있기 때문이다.

8 존 스튜어트 밀, 같은 책, 49~50쪽에서 인용.

9 같은 책, 155쪽에서 인용.

10 프라이데이는 로빈슨보다 젊기 때문에 체력이 앞설 수 있다. 이럴 경 우 로빈슨과 프라이데이 가운데 누가 채집을 더 잘할지는 다소 불확 실하다.

11 아직까지 거래는 허용하지 않는 것으로 가정한다.

12 여기서 채집기술이 좋다는 것은 추가적인 노동시간에서 얻을 수 있는 고구마나 야자열매의 채집량이 항상 더 높다는 것을 의미한다. 물질적 만족도가 높다는 것은 추가적인 채집에서 얻을 수 있는 추가적인 만족이 항상 더 높다는 것을 의미하며, 추가적인 노동에 따른 고통이 적다는 것도 항상 더 적다는 것을 의미한다.

13 물론 어떤 사람의 채집량이 다른 사람보다 적다고 해서 그 사람의 행복의 정도(행복도)가 다른 사람보다 반드시 낮다고 할 수는 없다. 그 사람이 물질적인 데 가치를 두지 않아 채집에 힘쓰지 않았고 그래서 채집량이 적은 것이라면, 그 사람의 행복도는 오히려 다른 사람에 비해 높을 수도 있다. 채집량이 적은 사람이 정신적으로는 다른 사람보다 더 행복할 수도 있다는 것이다. 신부님이나 스님의 정신적 행복도가 일반적인 사람의 정신적 행복도보다 높을 수 있는 것과 같다. 이러한 차원에서 보면, 모든 불평등이 문제가 되는 것이 아님은 분명하다.

14 Hardin, Garrett, "The Tragedy of the Commons," *Science*, Vol. 162, p.1244 참조.

15 실험을 통해 공유자원의 비극과 같은 현상이 실제로 일어나는지 연구하는 학자들도 있다. 이들은 간단한 실험을 통해 사람들이 모두 이기적으로 행동하는 것은 아니며, 실제로는 이기적으로 행동하는 사람들과 그렇지 않은 사람들이 혼재하고 있다고 주장한다. 공유자원의 비극이 반드시 일어난다고 보기 어렵다는 것이다. 다만 실험이 반복되어 이기적인 선택이 드러나고 이에 대한 보복이 가능하지 않으면 이기적인 행동을 보이지 않던 사람 가운데 일부가 나중에 이기적인 선택을 하는 경향을 보이는 것으로 나타났다는 점에서 장기적으로 자원이 고갈될 가능성은 높다고 하겠다. Ledyard, J., "Public Goods: A Survey of Experimental Research," Chapter 2, *Handbook of Experimental Economics*, Vol. 1, Princeton University Press, pp.112~113 및 Fehr, E. and M. Schmidt, "Theories of Fairness and Reciprocity," Munich Discussion Paper No. 2001-2, Department of Economics, University of Munich, 2001 참조.

16 토드 부크홀츠, 류현 옮김, 『죽은 경제학자의 살아 있는 아이디어』, 김영사, 1994, 45쪽 참조.

17 유진수, 『가난한 집 맏아들』, 한경BP, 2012, 166쪽에서 인용.

18 Fehr, E. and K. Schmidt, "Theories of Fairness and Reciprocity‒Evidence and Economic Applications," Munich Discussion Paper No. 2001‒2, Dept. of Economics, University of Munich, pp.5~6 참조.

19 같은 자료 참조.

20 Aristotle, *Politics*, Book 1, Part X에서 인용.

21 『한국경제신문』, "돈은 자식을 낳을 수 없다?… 이자는 '불로소득'일까," 2011. 3. 7 참조.

22 같은 자료 참조.

23 마이클 샌델, 같은 책, 261쪽에서 인용.

24 이를 경제학에서는 악대차 효과(Bandwagon effect)라고 한다.

25 비교우위가 동태적으로 변할 수 있다는 것을 보여주는 모형으로는 Redding, S., "Dynamic Comparative Advantage and the Welfare Effects of Trade," *Oxford Economic Papers*, Vol. 51, No. 1, 1999, pp.15~39 참조.

5 무인도에서 자유가 비극이 될 수 있는 열두 가지 이유 II

1 농경을 할 경우 최적 생산량의 결정은 채집의 경우와 같다. 로빈슨과 프라이데이는 한 시간의 추가적인 노동에서 얻을 수 있는 한계적인 편익과 추가적인 노동에 들어가는 추가적인 비용이 같아지는 수준만큼 노동할 것이다.

2 토지 소유의 자유에 관한 절 참조.

3 SBS 뉴스, "열대우림 파괴…기후변화 재앙 초래," 2015. 1. 7.

4 한국학중앙연구원, 『한국민족문화대백과』.

5 강희원, 같은 책, 7~8쪽 참조.

6 Johansen, B. and Vine D., *Enduring Legacies: Native American Treaties and Contemporary Controvesies*, Praeger, 2004, p.15에서 인용.

7 Krueckeberg, D., "The Difficult Character of Property: To Whom Do Things Belong?", *Journal of the American Planning Association*, Summer 1995 참조.

8 한국학중앙연구원, 『한국민족문화대백과』 참조.

9 Christman, J., *The Myth of Property: Toward an Egalitarian Theory of Ownership*, New York, Oxford University Press, 1994, p.35 참조.

10 헨리 조지, 김윤상 옮김, 『진보와 빈곤』, 비봉출판사, 2016, 18쪽 참조.

11 토지의 사적 소유가 사회적 불평등과 빈곤 문제를 심화시키는 것은 사실이지만, 그렇다고 사회적 불평등과 빈곤이 토지의 사적 소유에서 기인한다고 말하는 것은 현실을 너무 단순화한 것이다. 지금까지 여러 사례를 통해 설명했지만, 사회적 불평등은 토지의 사적 소유가 아니라도 발생하게 되어 있다. 심지어 우리가 채집사회로 돌아간다 해도 그렇다. 자신의 이익을 추구할 수 있는 자유가 보장되는 한, 다시 말해 더 많은 것을 차지하려는 사람들의 행동이 허용되는 한, 인간사회의 불평등은 사라질 수 없다.

12 이 협약은 1994년 12월에 발효되었다.

13 『농민신문』, "특집: 나고야 의정서 12일 정식발효 - '생물자원의 FTA' … 참여하되 신중을," 2014. 10. 15 참조.

14 『국방일보』, "청양고추 먹으면 미국 회사에 로열티 낸다," 2014. 6. 10 참조.

15 마이클 샌델은 이를 자발주의(voluntarism) 또는 계약주의(contractualism) 라고 부른다.

16 마이클 샌델, 같은 책, 239쪽에서 인용.

17 같은 책, 244쪽에서 인용.

18 같은 책, 261~274쪽 참조.

19 마이클 샌델, 안기순 옮김, 『돈으로 살 수 없는 것들』, 와이즈베리, 2012 참조.

20 이러한 차원에서 주식회사는 주주들의 지분거래를 제한하는 유한회사 (private company)와 다르다.

21 도덕적 의무라는 표현에 문제가 있을 수 있음은 앞에서 설명한 바와 같다.

6 자유와 민주주의

1 Diamond, L., "What is Democracy," Lecture at Hilla University for Humanistic Studies, January, 2004 참조.

2 먼저 다섯 명이 자유형 밥상으로 자유롭게 식사하면, 빨리 할 수 있는 세 명은 전체 음식의 8분의 2씩 먹을 것이다(나머지 두 명보다 두 배 많이 먹을 수 있으므로). 식사를 늦게 하는 나머지 두 명은 음식의 8분의 1씩 먹을 것이다. 반면, 평등형 밥상으로 똑같이 식사하면, 가족 모두 음식의 5분의 1씩 먹을 것이다. 8분의 2는 5분의 1보다 크므로 식사를 빨리 할 수 있는 세 명은 당연히 자유형에 찬성할 것이다.

3 한편 칸트는 다수인 세 명이 평등한 결과가 바람직하다는 도덕적 이념의 차원에서 평등형에 투표했다면, 그러한 투표 결과에 대해 이의를 제기하지 않을 것이다. 다만 다수인 세 명이 자신의 도덕적 이념과 달리 자신의 이익을 위해 평등형에 투표했다면, 칸트는 이를 진정으로 자유로운 선택이라고 보지 않았을 것이다.

4 최병선, 『정부규제론-규제와 규제완화의 정치경제』, 법문사, 1992, 64쪽에서 인용.

5 공공재는 비경합성(한 사람의 소비가 다른 사람의 소비 감소를 가져오지않는 특성)과 비배타성(대가를 치르지 않은 사람을 소비에서 배제할 수 없는 특성)을 특성으로 하는 재화(또는 서비스)를 의미한다. 공공재는 무임승차(free-riding) 문제로 시장에서 공급되기 어렵기 때문에 국방서비스, 소방서비스 등과 같이 정부가 서비스를 제공하는 경우가 대부분이다.

6 이는 공공재 실험(public goods experiment)이라고 불린다. 공공재 실험에 관한 내용은 Ledyard(1995), 같은 자료 참조.

7 스미스로서는 조금 억울할 수 있다. 개인들의 이기적인 선택이 좋은 결과를 가져오는 경우도 많기 때문이다. 더욱이 스미스는 시장을 신뢰했지만, 다른 한편으로 기업들의 담합행위나 기업들이 정치를 지배하는 것을 우려하기도 했다.

7 자유를 새롭게 바라보다

1 SBS 뉴스, "전 세계 상위 1% 부자 재산이 나머지 99%보다 많다," 2016. 1. 18 참조.

2 존 롤스, 같은 책, p.105 참조.

3 같은 책, p.53 참조.

4 같은 책, pp.106~107 참조.

5 다만 개인의 경우, 누가 강자이고 누가 약자인지 구분하기가 매우 어렵다. 격투기의 경우 몸무게에 따라 체급을 나눌 수 있지만, 고구마나 야자열매 채집을 위한 경쟁에서 몸무게는 그다지 중요하지 않다. 더욱이 현대 사회의 경쟁에서는 육체적 능력보다 지적·감정적 능력이 더 중요한 경우가 많다. 지적·정신적 능력은 겉으로 드러나지 않기 때문에 현대 사회의 경쟁에서 강자와 약자를 구분하는 것은 더욱더 어렵다.

6 우리나라에 사용되는 '공정거래'라는 용어는 일본의 '公正取引'(공정거래를 의미함)과 그 의미가 유사하다.

7 공정거래위원회, "불공정거래행위 심사지침," 2015, 공정거래위원회 예규 제241, 55~56쪽 참조.

8 우리나라도 그러한 행위를 금지하고는 있지만, 법 위반에 대한 처벌은 과징금 부과가 전부다. 앞에서 열거한 자연인의 행위에 대해 징역형이 가능한 것에 비하면 처벌이 상대적으로 약한 편이다.

9 다음은 바스티아가 의회에 보낸 탄원서의 주요 내용이다.

"고매하신 의원님들께, 저희는 해외 경쟁자와의 파괴적인 경쟁으로 고통받고 있습니다. 이 경쟁자는 저희의 생산에 비해 너무나 우위에 있어 매우 낮은 가격에 국내시장을 점령하고 있습니다. 그 경쟁자가 나타난 이후 저희의 생산은 중단되었고, 모든 소비자는 그에게 가고 있습니다. 파급효과가 매우 큰 산업의 한 부문이 갑자기 침체에 빠진 것입니다. 이 경쟁자는 바로 태양입니다. 저희는 창문 등 집안으로 빛이 들어오는 모든 구멍을 폐쇄하는 법을 통과시켜주시기를 부탁드립니다. 만약에 의회에서 모든 자연광을 차단하여 인공광에 대한 수요를 창출할 경우 양초산업, 소와 양을 키우는 낙농업, 올리브와 유채를 키우는 농업 등 프랑스의 수많은 산업이 번창하게 될 것입니다. 논리적 선택을 해주십시오. 공짜에 가까운 석탄, 철강, 밀, 직물 등의 수입은 금지하고 있으면서 하루 종일 공짜에 가깝게 제공되는 태양광을 허용-하는 것은 일관성이 없는 것입니다."

Bastiat, F., *Economic Sophisms*, Goddard A. trans, Irvington-on-Hudson, 1845, I. 7. "The Petition"에서 인용 및 번역.

10 제5부에서도 설명한 바와 같이 코즈 정리(Coase theorem)를 위해서는 여기에 외부효과를 입증할 수 있고, 협상비용이 낮아야 한다는 가정이 추가된다.

11 배광수, "SF 영화로 보는 A.I.와 미래 비전," 발표자료, 2016 참조.